社会を知るためには

筒井淳也 Tsutsui Junya

★――ちくまプリマー新書
359

目次＊Contents

第四章 なぜ社会は複雑になったのか……111

イラスト　宇田川由美子

はじめに

本書では、「社会」に向き合うときにみなさんに知っていてほしいことを書きました。「社会」といえば、家族、学校、会社といった具体的な場を想像する人が多いかもしれません。しかし本書のなかで「社会」という言葉で意味しているのは、もう少し広い存在です。社会は私たち個人が生まれる前から存在し、私たち個人が知る範囲を超えて広がっています。私たちは、社会を作り、それに働きかける前に、そのなかに投げ込まれています。

「世の中を変える人間になろう！」という掛け声をよく聞かされるかもしれません。もちろん、私たちの社会は多くの問題を抱えていて、変えていかなければならないことはたくさんあります。ただ、変えるためにはその前に「知る」ことも重要です。そして社会というのは、知れば知るほど「わからない」ものであるという実感を持ってほしいのです。

社会は、決して思い通りにならないものです。しかし他方で、動かす余地がいくらでもあるものです。本書では、このことを「意図せざる結果」「緩さ」という言葉で表現していきます。世の中の変化の多くは、人々が意図して変えたものではありません。そして世の中の各部分のつながりは、しっかりと考えられたものではなく、緩いものであるがゆえに、適切に考えれば動かすことができるものです。この「緩さ」は、意図せざる結果を生み出すものですし、他方で意図的に社会を動かすことを可能にするものです。ちょっとわかりにくいかもしれませんが、本書を読んでいくうちにこの謎が解けると思います。

逆説的に聞こえるかもしれませんが、「社会って思い通りに動かせるものではないのか」「何かの理路整然とした理屈で動いているわけではないのか」ということを実感しないと、社会をちゃんと動かすことはできません。「思い通りに動かせる」「理屈通りに行くはずだ」という思い込みで社会を動かしてしまうと、壮大なしっぺ返しをくらいます。

社会をこのような視点からみてみようという入門書は、おそらくこれまでなかったのではないかと思います。本書がこれから社会に向き合おうとする人たちに、冷静さと勇気を与えることを願います。

第一章　「わからない世界」にどう向き合うか

1　世界は思っているより「わからない」

この本は、複雑なこの世の中で、「社会」とどのように向き合っていったらよいのか、そして「社会」について「知る」こととはどういうことなのか、またどうあるべきなのかについて、主に社会学という学問から学べることを書いたものです。

ただ、この本は「社会学入門」とは少し違います。どちらかというと、「社会」入門といった方が近いでしょう。しかもこの本は、社会についての社会学を含むいろんな学問が発見した知識を読者のみなさんに解説する、というだけのものでもありません。もちろんそういう解説も折に触れて入ってきますが、もっと他の、重要なことを伝えたいのです。

むしろこの本は、社会について私たちはいろいろ「わかっていない」という主張から出発します。それは、一般の人々がわかっていないが社会についての専門家ならばわかっている、ということではなくて、専門家を含めて「わかっていない」ということです。私たちは、当たり前ですが、世の中についていろんなことを知っていますし、生活する上で知っていることから大きな影響を受けます。たとえば「どうすればほんとうにダイエットできるのか」という知識（情報）には、多くの人が関心を持っています。実際にその知識に従って行動する人もいるはずです。

このことは、社会を動かす力を持っているリーダーたち、たとえば政治家や経済界のトップの人たちにもあてはまります。リーダーたちは、自分たちが持っている知識、つまり社会の認識に則って組織を、そして社会を動かしていきます。一般の人でもリーダーたちでも、知識は取るべき選択や行動方針に強く影響します。

しかしこの本で強調したいのは、むしろ「知らないこと」の影響です。そう、**私たちの生活は「知らないこと」「知らなかったこと」にも大きく影響されています。**いや、むしろ私たちは、「知っていること」に影響されるよりも、ずっと大きな影響を「知らないこと」「意図していなかったこと」、さらには「予想外の出来事」によっても絶えず受けているともいえるのです。この「知らないこと」のせいで、社会は私たちが意図したとおりに動かないですし、意図したとおりに動いたとしても思いも寄らない副作用に見舞われたりします。さらに、私たちが「知らないこと」に取り囲まれているということを無視してしまうと、もっとひどい結果になってしまうこともあります。

少子化は誰かによって引き起こされたものではない

一つ例をあげましょう。現在、日本は少子高齢化の問題に悩まされています。出生率は、当初思ったよりもずっと低くなりました。研究者は、なぜ出生率の低下が引き起こされたのかについていろんな研究を蓄積してきました。女性が働くようになったからではないか、若者がうまく仕事につけなくなってしまったからではないか、などです。

その膨大な研究の中に、ただ一つとして存在しない問いがあります。それは、「出生率の低下を引き起こしたのは誰か」という問いです。もう少しいうと、研究者の中には、日本で（少なくとも一九七〇年代以降の）出生率の低下を明確な意図をもって引き起こそうとした人がいて、その人のせいで少子化になったのだ、と考えている研究者は、一人もいません。

実は、私たちの世界の数多くの問題は、誰かが意図的に引き起こしたから生じたものではありません。もちろん、起こってしまった問題を解決することに積極的ではなかった人はいるでしょう。日本の低出生率は一九七〇年代からすでに五〇年間近く続いていますが、少なくとも一九八〇年代までは日本国民は概して少子化の問題を明確に認識していませんでしたし、ほとんど政治的課題にものぼりませんでした。しかしこのことは、「政治家が（意図的に）少子化を引き起こした」ということではありません。

そもそも、もし誰か悪意を持っている人がいて、その人が問題を引き起こしているのなら、これほど解決しやすい問題はありません。実際には、深刻な問題は「意図されていない」うちに発生して進行しますし、その背後には非常に複雑な要因が絡み合っています。そして私たちは、研究者を含めて、この絡み合いについて実はほとんど理解できていないのです。

2　世界は思っているより「緩い」

もうひとつ、私たちが暮らす社会について、伝えておきたい特徴があります。それは、**社会を構成するさまざまな要素は、きちんとしたかたちでつながっているわけではない、**ということです。別の言い方をすれば、つながりが「緩い」のです。さらに、社会についての個々の規則や制度、その背後にある理論・理屈も、かなりの緩さを含んでいます。

例を挙げましょう。この世にはたくさんの「仕事」がありますね。セールスの仕事もあれば、食品加工の仕事もあれば、経理の仕事もあります。日本の社会学は独自に「職業」を分類するシステムを構築していますが、これによれば、職業は七〇〇個程度に分類されています。同じ職業でも細かくみれば異なった仕事をしていることがありますから、仕事の数というのはそれこそ無数にあると言っても良いくらいです。

なぜたくさんの仕事があるのかといえば、その一つの理由は「分業*」にあります。たとえばスマートフォンがほしいとき、一人の人がそれを最初から作り上げることは不可能でしょうし、できたとしても非常に効率が悪いです。実際には、材料を作る人、そこから部品を作る人、組み立てをする人、デザインや設計をする人、販売する人、広告する人、そういった人たちをまとめて管理する人（会社の経営者）、会社に出資する人（株主)、など、実に様々な人が「スマートフォン」の製造・販売に携わっています。この協力体制が発達することで、私たちの世界は格段に豊かになってきました。

＊分業についての詳しい説明は、またあとの方（第四章）で登場します。

分業でも分配は難しい

他方で、スマートフォンの製造・販売によって得られた豊かさ（利益、会社や社会全体で儲かったお金）を、それに携わった人に分配する際には、独特の問題が生じます。「分配」というのは、儲かったお金を、仕事をしてくれた人たちに配ることです。

話を簡単にするために、一つの小さな会社について考えましょう。その会社はスマートフォンの小さな部品を作っています。会社には、部品を加工・製造する人、部品を売り込むために営業する人、会社のお金の管理（経理）をする人、合計三人がいます。部品が思いのほかよく売れたので、昨年一年間で二〇〇〇万円の余剰金、つまり部品を製造するためのコストを除いた上で儲かったお金が生まれました。このなかから、会社で将来のためにとっておくお金や借金の支払いのためのお金を除いた上で報酬を分け合うのですが、その際の基準を決めることはかなり難しいでしょう。三人とも会社の運営に必要な、重要な仕事をしているという自負はあります。しかし報酬は個別に、何らかの分配方法を決めて支払うしかありません。

そこで会社は、年功や資格といったいろんな基準で給与を決めます。「AさんはBさんより五年も長く勤めているから、Aさんには多めに支給しよう」とか、「BさんはCさんが持っていない資格を持っているから、Bさんには多めに支給しよう」とか、そういう判断をするわけです。しかしほんとうにこれらの基準が適正かといえば、そんな保証はありません。「よくわからない」というのが実態です。しかし、この「よくわからない」規則やシステムは社会に広く行き渡っていて、みんなそれに従っているのです。

ここで強調しておきたいのが、「協業」(一緒に協力して仕事をすること)のシステムと、それによって生み出された利益の「分配」システムが、意外なほど緩いかたちでしかつながっていない、ということです。「この仕事は利益の何%にあたる」といった明確な対応規則があった上で分配がなされているわけではありません。実は、利益を分配する基準は、緩々(ゆるゆる)です。

「お金に関係するのにそんなに緩々でいいのか」と思う人もいるかもしれませんが、実は世の中そんなものなのです。

仕事と報酬の緩いつながり

もう一つ、世の中の「緩さ」の例を挙げておきましょう。やはり「仕事とお金」のことです。みなさんは、もし自分の財布から誰かが無断で一万円を抜き取ったら、「泥棒！」と言いたくなるでしょう。他方で、もし自分と同じ職場で、種類も大変さも同じような仕事をしている人が、自分の二倍も多く給料をもらっていたらどうでしょう。会社で働いたことがない人は「そんな馬鹿なことが」と感じてしまうかもしれませんが、非正規雇用（パートタイマーやアルバイト、派遣社員など）の人と正規雇用（いわゆる正社員）の人の待遇格差として、これは決してありえない話ではありません。このとき、非正規雇用の人が「泥棒！　お金を返して！」と叫んで正規雇用の人の財布からお金を抜き取ったら、今度はその人が窃盗罪に問われることになります。

財布からお金を抜き取ることも、不当に給与格差があることも、本来その人に属しているはずのお金が失われることに変わりはないのですが、なぜか二つはずいぶんと違った理解をされているのです。やはり世の中のお金のやりとりというのは、ずいぶんと緩い規則の上でなされているといいたくなります。

「同一労働同一賃金」といって、同じような仕事をしていれば報酬も同じものにすべきだという原則が、欧米社会ではある程度浸透しています。これらの国では、不当な待遇格差は「支払うべき報酬が支払われない」(つまり窃盗に近い)ことだと考えられています。以上のように、時と場合によって変わるほど、仕事と報酬のつながりは緩さを含んでいるのです。

3　専門化する社会

さて、ここでいったん、最初の話題に戻ります。「私たちは、よく知らないことに動かされている」というお話です。これはどういうことなのでしょうか?

ここでは、私たちが住む現代社会の三つの特徴についてお話しします。この三つの特徴のせいで、私たちは社会のことについてうまく理解できなかったり、予測できなかったりするのです。

一つは、私たちが「専門知識」や「専門的な仕組み」に取り囲まれている、ということです。

特に近代化以降、専門知識はさまざまに枝分かれし、その中でどんどん高度化してきました。そしてその知識を反映した専門的な仕組み・システムも高度な発達を遂げ、その一部は私たちの生活の土台になっています。もはや一般の人は、その中身についてちゃんと理解することはできません。

身近な制度すらわかりにくい社会

たとえば現代の金融システムは、高度な専門知識に基づいて、「デリバティブ」と呼ばれる様々な派生的商品を展開しています。「スワップ取引」「ストックオプション」「証券化されたローン」などがあります。しかし私を含めてほとんどの人は、こういった商品を説明できる高度な知識を持ち合わせていません。にもかかわらず私たちが銀行や証券会社に預けているお金は、こういった金融システムのなかに日々投げ込まれています。

　また、日本は長く続くデフレ*に悩まされ、それこそ私たちの生活の豊かさは大きなマイナスの影響を受けました。もちろん、デフレに対応すべく政府や日銀は、経済学の専門知識に基づいてさまざまな介入を行いました。ただ、その介入の仕組みを素人が理解してしかるべき評価を下すことは、非常に困難です。なにしろ、専門家である経済学者の中でも、どう対応したらいいのかについて意見が真っ向から対立するくらいです。

　会社経営で必須となる会計システムもそうでしょう。現代の会社経営は、会計という専門知によって支えられています。つまり会計は私たちの生活全体を支えるインフラであるといってもよいでしょう。しかしいったいどれくらいの人が、現代会計の基礎となる複式簿記の考え方をきちんと理解しているでしょうか。社長さえも理解していないケースがたくさんありそうです。ですから、詳細を一人ひとりが理解するより、信頼できる専門家を置くことのほうが重要だ、とみんな考えているはずです。

＊デフレとは、お金の価値がモノの価値よりも高くなることです。つまり、お金を使ってモノを買うより、お金を持ち続けたほうが儲かる、と人々が考えることです。こうなると社会全体とし

てお金が溜め込まれてしまい、お金が世の中で回らなくなり、景気が悪くなることがあります。

医療についての専門知識も同じです。現代の医療は極めて高度化した専門知識と技術によって運営されています。遺伝医学、ゲノム製薬、種々の疫学研究などに高度に専門分化されていて、各分野で無数の論文が発表され、多額の資金を費やす開発研究がなされています。専門家でさえその全容を把握することはできません。

もっと身近な制度についても同様です。たとえば私たちのどれくらいが、育児休業制度についてきちんと理解しているでしょうか。取得できる条件は？　取得期間は？　休業中の報酬は？　はっきりと答えられる人はごく少数でしょう。二〇一九年時点で、育児休業中の給与は実質九割ほど戻ってくるということを知っている人は何割いるでしょうか。

このように、私たちの身近な制度についても、専門的すぎて理解できないことはたくさんあるのです。書店に行けば、これらの問題について「やさしく」解説した、という触れ込みの本をたくさん目にすることができます。ただ、ある問題についてある程度でも理解したいと考えたとき、そのために書籍をまるごと一冊読まなければならないと考えると、憂鬱《ゆううつ》にならないでしょうか。一冊でさえ、読破する前に途中で諦めてしまうことも多々あるでしょう。私の本棚にも、途中までしか読めなかった「入門書」がたくさん並んでいます。

4 「わからないこと」が増えていく

しかしこれだけだと、「でも専門家は知っているのだから、わかりやすく要点だけを教えてもらえばいいのでは」と感じる人もいるでしょう。ただ、問題はたくさん残っています。当たり前ですが、わかりやすく教えてもらったからといって、専門家と同等の知識が得られるわけではない、ということです。入門書だけで専門家になれるのだったら、どんなに楽なことでしょうか。しかし世の中そんなに甘くありません。

さらに、専門家がほんとうに信頼できるのか、という問題もあります。なにしろ「知っている」のは向こうです。自分が聞かされた知識がほんとうなのかどうかは、悲しいことに、確かめようがありません。ある医者の診断が信用できないというときに、私たちができるのは、医学を一から勉強することではなく、別の専門家（医者）の意見を聞くことです。いわゆる「セカンド・オピニオン」ですね。

当然ですが、専門知識*はどんどん高度化していきます。そうすると、上記のような問題はますます増えていくでしょう。残念なことに、実は**私たちが住むこの世の中は、専門知識を勉強すればどんどんよくわかるというふうにはできていません。**むしろ専門的な学問が発達すればするほど、世の中はどんどん複雑になり、全体的に「よくわからないもの」になるのです。

しばしば私たちは、「わからないことは専門家に聞け」といいます。それ自体はもちろん正しい姿勢でしょう。ただ、このことは必ずしも、専門家の存在によって、この社会から「わからないこと」が減っていくということを意味していません。むしろ専門知とそれを活かした社会の制度づくりによって、一般の人には「わからないこと」はどんどん増えていくのです。

＊以降、「専門知識」と「専門知」という言葉が出てきます。専門知はどちらかといえば包括的な知識の体系を指していますが、同じような意味だと理解しても問題ありません。

専門家もわかりにくくしたいわけではない

現代の社会学では、以下のことを強調します。知識は、対象についての知識であるのと同時に（あるいはそれ以前に）、対象を形作るものである、ということです。この相互的な関係を、対象と知識の間の「再帰的《さいきてき》な関係」といいます。「再帰性」という概念はあまり聞き慣れないかもしれませんが、相互に影響を与えあっていて、一方が変われば他方も変わる、くらいの意味だと理解しておいてください。

専門知も対象と再帰的な関係を持っていますが、独特の特徴もあります。専門知は、対象をよりよく理解するために、複雑なものになりがちです。この複雑な専門知が今度は対象を形作るのですから、再帰性が進むと、専門知のみならず対象自体がどんどん複雑になっていくのです。このことは、また第二章で説明します。

もちろん、個々の専門家は「素人ではわからないことをどんどん増やして、他方でその解説役に回って自分の仕事を作ろう」といったようなズルいことを考えているわけではありません（そういう人が全くいないわけではないでしょうが……）。こういう人あるいは事態のことを私たちはときおり「マッチポンプ*」といいますが、社会の「わからなさ」を専門家のマッチポンプのせいにすることは間違っています。

＊マッチポンプとは、自分で火をつけておいて自分で火消しをする、といった意味です。和製外来語ですから、それに当たる英語はありません。

個々の専門知・専門システムは、たいていは世の中をより便利にしよう、より適正にしよう、そしてより楽しくしようという目的で作られます。日本でも多くの家庭では自動車を保有していますが、安心して自動車に乗れるように考えられた仕組みが自動車保険です。しかしその契約の詳細や査定の仕組みについては、もはや素人は容易に理解できません。損害保険の取り扱いに必要な資格は、うまく行けば一〜二カ月の勉強でも取得できますが、保険の知識が複雑であることに変わりはありません。複雑な仕組みを導入することで、たしかに私たちの生活の安心はある程度確保できます。他方で、こうした知識に基づいた制度が私たちの生活環境を形作り、私たちは結果的に「よくわからない」ものに取り囲まれることになるのです。

資格をともなうような専門知はほんの一例です。ここでは、この社会には無数の専門知と、それに関連する無数のシステムがある、ということを確認しておきましょう。

5　絡み合う社会

社会がよくわからないものになってしまう理由の二つ目の話に移りましょう。この問題はもうちょっと深刻です。さきほどは、専門家であればその分野のことについてよく知っている、という話をしました。しかし、だからといって専門家は、専門知識を活かして作ったはずの社会の動きをきちんと説明あるいは予測できるわけではありません。それどころか、思いもかけない結果が次々と生じるのです。

さきほどの金融商品の例に戻りましょう。困ったことに、金融に携わる専門家でさえ、こういった商品の値動きについて予測・制御できないことが多いのです。そのために、金融システムはたびたび暴走し、世界の人々の生活に深刻な影響を及ぼします。それこそ、多数の人の命を奪うことさえ珍しくありません。

もちろん、専門知識があるからこそ、問題が軽減されているということもたくさんあります。ただ、自然科学のように、学問が発達すれば世界についてどんどんわかってくるということは、社会についての学問には、あまりあてはまりません。社会についての学問が発展するにつれて、どんどん「知らないこと」が減って、予測不可能な出来事が少なくなる、というようにはなっていないのです。もしそうならば、たくさんの人々の命を奪った世界同時不況（日本ではリーマン・ショックと言われています）も生じなかったでしょうし、将来の多くの人の生活に甚大な影響を及ぼす地球温暖化ももっと緩和されていたでしょうし、日本社会がこんなに深刻な少子高齢化に悩まされることもなかったかもしれません。この世は「予想ができないことだらけ」なのです。

その一つの理由は、**専門的な知識やそれを活かした仕組みが、周囲から独立して存在しているわけではないから**です。知識は、宙にポッカリと浮かんだものではありません。ある国の金融システムは、その国の政治や、別の国の政治・経済と複雑に――しかし緩いかたちで――絡み合っています。その絡まり具合を解きほぐし、理解することは非常に難しいのです。なにしろ、ある分野での専門家は、別の分野では私たちと同じく素人なのです。政治と経済は現代社会では深く絡み合っていますが、理路整然としたかたちで連動しているのではなく、あくまで緩く、きちんとは説明できないかたちでつながっているに過ぎません。

女性の移民労働者の増加にみる社会の絡み合い方

一つ例を挙げましょう。いま、極めて多数の女性の移民労働者が、フィリピンなどの経済後発国からアメリカなどの経済先進国に仕事を求めて移動しています。その理由は、先進国で男女均等な制度のもとで共働きが進んだからです。先進国の多くでは、共働き家族が家事や育児を代わりにやってくれる労働力を、外国の女性に求めています。たとえばフィリピンからアメリカに移民した女性の多くが、共働き家庭に入ってそこでその家庭の家事や育児をするのです。

問題は、「先進国での共働きの増加」と「移民女性の増加」というつながりについて専門家がはっきりと認識をしたのは、移民女性の増加が進んだ後になってからだ、ということです。雇用制度、家族政策、そして国内外の経済格差。こういった要因が、明確に把握されていないうちに複雑に絡み合って、結果的に「移民の女性化」が進んだのです。「雇用」「家族」「経済」といった社会の各部分は複雑に絡み合っていますから、それらが絡み合った結果どういった事態が生じるのかについて、ほぼ誰も見通せませんでした。先進国の男女均等が、自分の家族と遠く離れた場所で他人の子育てをする女性を増やすことになるとは、当初は多くの人が予想できませんでした。

新型コロナウイルスの影響を専門家は見通せたのか

二〇一九年度末から深刻な影響を世界にもたらしている「新型コロナウイルス」の感染拡大についても同じことが指摘できます。さきほど医療の専門知の高度化についてお話をしました。実は、医療の世界では、人々の疾病構造について次のように言われています。簡単に言えば、「以前は感染症が主な死因だったが、現在では主な死因は生活習慣病になった」。生活習慣病というのは、普段の食生活や喫煙習慣に起因する病気です。ガンや心疾患はこれに当てはまることが多いです。

どうでしょうか。実は、新型コロナウイルスがこれほど深刻な影響を持っているのにもかかわらず、生活習慣病による死亡リスクが高いことは、依然としてあてはまります。ひとつには、生活習慣病に分類される基礎疾患（糖尿病や循環器系の障害）を持っていると、新型コロナウイルス感染時に重症化する危険性が高まる、という事実があります。

死亡者数全体の割合を見ても、生活習慣病の死亡リスクは見過ごせません。厚生労働省の「人口動態統計」によれば、二〇一八年に「感染症及び寄生虫症」で死亡した人の数は約二万四〇〇〇人でした。これとは別に、「インフルエンザ」が三三〇〇人ほどです。これに対して生活習慣に起因することが多い「循環器系の疾患」は、約三五万人です。そして新型コロナウイルス感染が原因だとされる死者の数は、二〇二〇年七月二二日時点で九八九人です。

もちろん状況はこれから大きく変わるでしょうし、他の国（大規模な感染が始まった中国や、アメリカ、イタリアなど）ではもっと多くの人が亡くなっています。ただ、これから日本の数字が一〇〇倍になったとしても、生活習慣病に比べればまだまだ低い数字です。

とはいえ、新型コロナウイルスが、世界で感染者数一千万人を超えるほどの広がりをみせ、またグローバル経済に大打撃を与えることは、さすがに専門家も見通せなかったのではないでしょうか。明らかに各国は感染をコントロールできなかったのです。いくら感染症についての専門知の積み重ねがあっても、複雑化してグローバル化する社会におけるその影響については予測できないことのほうが多かったからです。

ここで強調しておきたいことは、専門知やそれを活かした仕組み、ここでは医療の専門知と医療体制は、その周囲の社会から独立して存在しているわけではない、ということです。中国・武漢での感染の初期封じ込め失敗やそれを招いた中国の独裁的政治体制についても、医療の専門家からすればまさに専門外のことです。しかし感染拡大は、明らかに地域の政治体制と密接に絡み合っています。

誰もが専門家であることで生じる壁

このことが、「予想外のこと」が生じる二つ目の理由につながります。広い意味では、仕事をしているならば、私たちの多くはなんらかの分野の「専門家」です。電気工事の仕事をする人、教える仕事をしている人、会社で経理の仕事をしている人、すべて何らかの意味で「他の人よりは詳しい」ことがありますね。そして、他のことについては当然ながらよく知りません。

私たちは、なにをするにせよ、ほんとうにたくさんの専門家や、彼らが作り上げた仕組み・設備のお世話になっています。さきほど触れた「分業」ですね。分業は、それだけだと幸せな仕組みです。それぞれが自分の得意分野に特化し、その成果を交換することで、全体が幸せになれるからです。しかし分業を発達させるということは、ある分野での出来事が、よくわかない理屈で自分たちの生活に影響をするリスクを受け入れる、ということでもあるのです。分業には、豊かさと引き換えのリスクが伴います。

経済のグローバル化は、この分業を世界規模に広げました。これによって人々の生活が豊かになっているという側面はもちろんあります。みなさんの多くは、自分のスマートフォンを持っているのではないでしょうか。そしてこの本を読んでいるみなさんは（たぶん）すべて、服を着ているでしょう。スマートフォンや服は、経済のグローバル化がなければ、もっともっと高価なはずです。グローバルな経済の分業があるおかげで、海外生産によるコスト減が可能になっています。ただ、そのせいで、二〇一〇年前後に就職活動をした日本の学生は、自分たちから遠く離れた場所で起こった金融危機のために非常に苦しい思いをしました。そして中国との経済的つながりが密接になっていたイタリアでは、それによる経済的豊かさを享受できたのですが、他方でグローバルに拡散する感染症のリスクも引き受けていたのです。

6　動き続ける社会

私たちが、「よく知らないこと」に翻弄《ほんろう》されてしまう理由の一つ目は「専門システムの発達」、二つ目は「分業の拡大」でした。では三つ目はなんでしょう。三つ目は、一つ目と二つ目のことと深く関係しているのですが、「社会が動き続けていて、私たちはそこに投げ込まれている」ということです。

この特徴はこれまでの二つよりも説明するのが難しいので、まずは簡単な比喩から入ってみます。私たちが社会の中で生活することを、自動車に乗るということに喩《たと》えてみましょう。自動車は、無数の専門的なメカニズムの組み合わせで動きます。それこそ、一〇〇年以上積み重ねられてきた多岐にわたる技術の結晶なのです。そしてこの自動車は、止めることができないと考えてください。普通の自動車はもちろん停止できますが、社会に喩えていますので、止められないと考えてください。無理に止めてしまうと、多くの人の生活に深刻な影響が及びます。

さて、自動車を運転しているときに、自動車が不調に陥ってしまいました。なんだか、どこからかガラガラと変な音がします。普通ならば停止させて、点検したいところですが、止められないので、なんとか動かしながら対応するしかありません。当然、できることは限られてきますね。

しかもこの自動車は、もっとまずいことに、中身が徐々に変化してしまうのです。もちろんふつうの自動車は乗っている間にメカニズムが変化したりしませんが、ここでは自動車が社会の比喩だと考えてください。私たちの社会は、動かしているあいだに、まさにその動かすということによって、中身が変化します。さらにタチの悪いことに、社会というこの自動車は、それについて「知る」ことによっても変化してしまうのです。

こうして、私たちはいつのまにか、**なんだかよくわからないけど、専門的な知識や仕組みが絡み合って動き続けているこの乗り物に乗って生活する**ことになってしまいました。いまさら降りることはできません。ですから完全に停止させて点検することもできません。

動いているものを下手にいじくると、ろくなことがなさそうな気がしますね。実際、そのとおりなことがよくあります。とかく社会の偉い人は「変革・改革」を叫びます。もちろんうまくいっていない組織や制度を変えることは必要ですが、ある程度うまくいっているものをさらによくしようという意図で手を出してしまうと、逆によくないことが生じることがあります。というのは、その改革のせいで、社会がうまくいくために働いていた（しかし明確に気づかれていなかった）部分がうまく機能しなくなってしまうことがあるからです。簡単に言えば「裏目に出る」ということですね。このことは、第四章で「意図せざる結果」という概念とともに詳しく説明します。

動いているシステムをいじることの困難さ

同じことはいろんな場面で生じます。みなさんは、いまやウェブ上でいろんなことができることを知っていますね。会話もできますし、動画も見れますし、買い物もできます。会社、学校、病院などでも、多くの組織ではパソコンやスマートフォンなどの端末でいろんな作業を自動化したり、情報を共有したりすることもできます。そのための仕組みを「システム」といいます。大学の授業登録システム、図書館の蔵書検索・貸し出しシステムなどですね。
システムは、大規模なものになれば、非常に複雑なプログラム（あるいはコード）で成り立っています。最も複雑で規模が大きいシステムの一つに、銀行のオンラインシステム（勘定系システム）があります。みずほ銀行は二〇一七年に、次期勘定系システムへの投資額が四〇〇〇億円以上になると発表しています。* これほど多くの資金と人手がシステムの刷新のために投入されるのです。

*「システム投資額、四〇〇〇億円台半ばに　みずほ、新勘定系」（二〇一七年五月一六日付『日本経済新聞』朝刊）。

システムは、実は構築するときよりも更新するときにやっかいな問題が生じます。裏で動いているプログラムが複雑ですから、どこかをいじくると、思いもかけないところが動かなくなったりします。ですから、プログラマの人たちの中では、「動いているコードに触るな」という格言があるほどです。* システムやプログラムのこの問題は、社会においてもほぼそのまま当てはまります。社会は無数の要素が複雑に絡み合ってできていますので、下手にある部分を変えると、別のところにしわ寄せが来たり、思いもかけぬ副作用が生じることがあるのです。

＊イギリスの有名なコンピュータ科学者であるアントニー・ホーアにも、次のような有名な語録があります。"I conclude that there are two ways of constructing a software design: One way is to make it so simple that there are obviously no deficiencies and the other way is to make it so complicated that there are no obvious deficiencies." The Emperor's Old Clothes, The 1980 ACM Turing Award Lecture.「ソフトウェアの設計には二つの方法がある。ひとつは、明確に何の欠陥もないほどシンプルにしてしまうことだ。もうひとつは、明らかな欠陥がなくなるまでに複雑にしてしまうことだ」。微妙な違いですが、前者は欠陥が「ない」ことが、後者では「明らかな欠陥」がないことが強調されています。社会を考察する際の含意としては、「全くミスを許さないような社会は非常にシンプルな社会であって、実質的に何の役にも立たない」ということになるでしょうか。

もちろん、社会ではなく自然に対する介入でも同様のことが生じえます。エコロジー（生態学）の重要な知見は、自然に対する下手な介入が意図されない副作用を引き起こしがちであることです。一九五八年、中国の「大躍進政策」の一環として行われた「四害駆除運動」がその例です。大躍進政策とは、当時の指導者毛沢東《もうたくとう》の指導のもと、農業・工業生産物を飛躍的に増加させる目的で実施された一連の政策、あるいは国民全体を巻き込んだ大運動です。結果的に政策は完全に裏目に出てしまい、中国経済は大きく停滞し、大量の餓死者を出してしまいました。統計によりますが、犠牲者は数千万人に及んだといわれています。

四害駆除運動は、伝染病予防のためにカ、ハエ、ネズミを駆除するとともに、農作物を食い荒らすスズメを捕獲しようという運動でした。大量のスズメが駆除されたのですが、その結果どうなったでしょう。実は、農作物の収穫は逆に大幅に減ってしまいました。なぜでしょうか。スズメは、農作物に被害を及ぼすこともありますが、それ以上に害虫を食べていたため、スズメがいなくなったことで害虫が大量に発生してしまったのです。

自然が微妙な、一見して理解しにくいバランスの上に成立しているように、動き続ける人間社会も、よくわからない複雑な仕組みによってなんとか上手《うま》く回っているにすぎません。ただ、人間はそれでも意図的に介入して、環境を変えようとする生き物です。大躍進運動ではわかりやすく「しっぺ返し」が生じましたが、大なり小なり同様なことは現在の私たちの社会でも生じています。「しっぺ返し」はすでに私たちの社会の一部なのです。

社会を観察・説明するのが難しい理由

ここで、簡単な図を描いてみました。私たちは、上のイラストが描くように、私たちが作った社会（箱）の外にいったん出て、その仕組みをつぶさに観察し、何らかの理論モデルを使ってその動きを完全に説明する、といったことはできません。私たちが社会について知るとは、下のイラストのように、暗い箱のなかを小さなライトで照らすようなものです。この暗い箱の中には、複雑に絡まりあった知識や仕組みが沈殿していると考えてください。そしてやっかいなことに、光を照らすこと、つまり「知ること」によって、肝心の箱の中身がこっそり変わってしまうことがあるのです。なぜなら、私たちはこの箱（社会）の外に出ることができず、私たちの知的活動は、必ずしも意図しないやり方で、知ろうとしている社会そのものを変化させるからです。

私が専門とする社会学も、他の近隣学問分野と同じく、この小さなライトのようなものです。ただ、社会学は、社会とそれを知ろうとする人々との関係についての考察を積

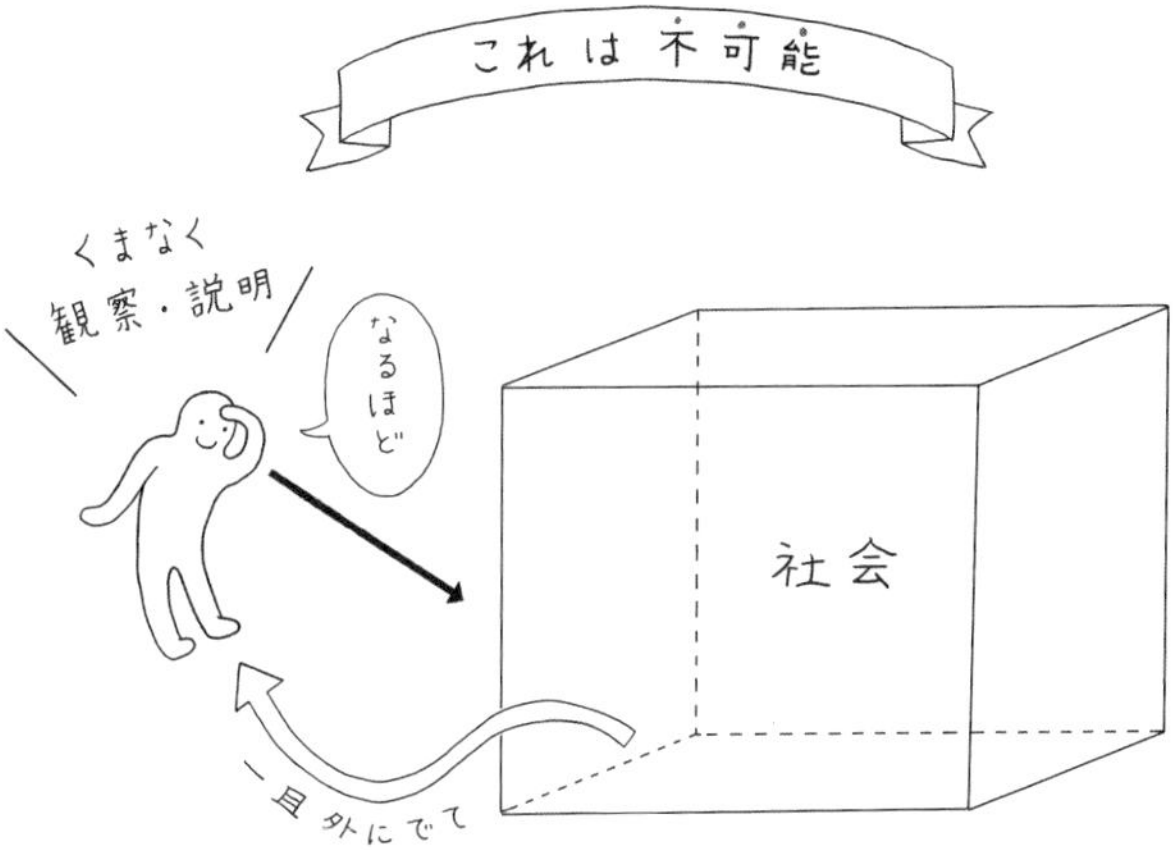
これは不可能
くまなく
観察・説明
なるほど
社会
一旦外にでて

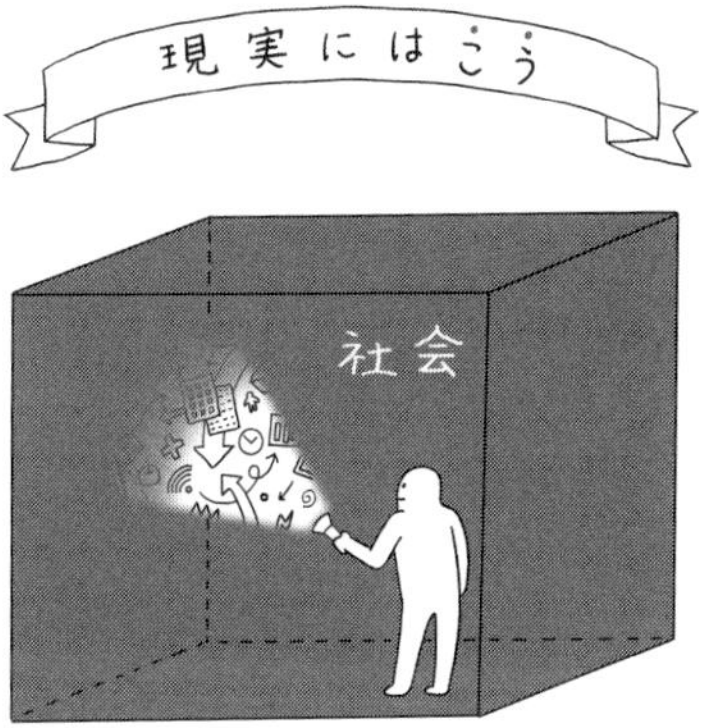
現実にはこう
社会

み重ねてきた、ある意味で特殊な学問です。そして社会学の知は、変化するこの社会の特徴を記述することに長《た》けています。ここで「記述」という言葉を使いましたが、この言葉は本書の一つのキーワードです。詳しくは第五章で説明しますが、ここではとりあえず「特徴を描写する」といった意味だと理解しておいてください。また、社会を複雑にする専門知とは一線を画す社会学の特徴については、この本の中でときどき振り返ることになります。

7　自分たちで作り上げたよくわからない世界

専門的な知識や仕組みに取り囲まれていて、そしてそれらが絡まり合っていて、さらにそれが動き続けているのが社会であるということであれば、それが「よくわからない」のも無理はないですね。

「難しい」といえば、私たちは科学的な知識を思い浮かべやすいものです。自然科学分野のノーベル賞については、毎年発表され、報道もされています。ニュースでは、受賞者が科学分野でどのような貢献をしたのかについて、できるだけ嚙《か》み砕いて説明されますが、それでもよくわからないものです。

　他方で、「自然」についてではなく、私たち自身が作り上げている「社会」という環境については、もっと理解できるのかと言えば、すでにみてきたようにこちらも心もとないものです。経済の仕組みも、社会保障制度も、人間が作ったものです。私たちは、私たち自身が作り上げた、よくわからない環境のなかにどっぷり漬かって生活しています。また、「自然」についてはよくわかっていても、それが社会に与える影響は社会の作り方によって変わってきますから、やはり予測不可能なことは残るのです。

　このことは重要なので、強調しておきましょう。**人間とは、自分たちで作り上げた、なんだかよくわからない環境のなかで生活する存在**なのです。そしてこのことは、複雑で、すぐに変化してしまう現代社会において特によくあてはまります。

「そんなの、社会科学者の怠慢か、あるいは社会科学の未発達のせいじゃないのか」と言いたくなる人もいるでしょう。たしかに、そういう説明が全く成り立たないというわけではないかもしれません。ただ、この本では別の見方をします。ありていにいえば、人間社会とはそもそも「わからない」ものだ、ということです。そしてそのわからなさ具合は、どんどん加速している可能性さえあるのです。重要なことは、「社会のことについてはわからないことだらけ」というのは説明の放棄などではなく、**社会を理解することの出発点の確認だ**、ということです。「突き詰めればすべて説明できるはずだ」という出発点に立つよりは、「わからないことはなくならない」という出発点に立つほうが、よりよい社会認識が期待できるのです。

8　本書について

「社会」という言葉は、実に様々な文脈で使われます。統一した定義を行うことはできませんし、そうしたところであまり意味はありません。

私たちはしばしば社会を、共通の要素を持った人のまとまりの単位として考えることがあります。「日本社会では……」「アメリカ西海岸にも日本人の社会があって……」といった言い方ですね。学会もしばしば英語ではsocietyという訳が当てられています（日本航空宇宙学会は、The Japan Society for Aeronautical and Space Sciencesです）。

ただ、この本で「社会」というときは、こういった組織や集団が複数集まってできる

「全体」のことを指しています。「世界」という言葉に近いかもしれません。ですので、本書で「世界」という言葉がでてきたときは、「社会」とほぼ同じ意味だと思っていてください。

社会はあくまで「人々が作った世界」です。「人々が作った（しかし必ずしも思い通りにはなっていない）世界」のことだということを忘れないでいてください。

第二章　専門知はこうしてつくられる

1　社会と切り離される専門知

前章では、社会の「わからなさ」と専門知識の関係についてお話ししました。ところで、学問における専門的な「知」とは、そもそもなんなのでしょうか。

実は、現代の学問における専門知というのは、「その対象分野のことに詳しい」ということだけでは説明できないのです。「経済学者なら経済のことについて詳しい」「心理学者なら心のことについて詳しい」というのは、ある程度はそうなのかもしれませんが、実は研究者の実感とは少しずれています。

メディアが専門家に取材するときにたびたび生じる妙な距離感は、このズレのせいです。メディア（テレビの報道関係者や新聞記者）は、「その分野については詳しいだろう」と思って専門家に取材します。しかし私たち専門家は、よく戸惑うのです。その戸惑いの理由にはいくつかのものがあります。

　私自身は家族社会学という、社会学の一分野を専門の一つにしていますが、もし新聞記者の方から「日本人のお正月の過ごし方の変化」について聞かれたら、どう答えるのか迷います。* というのは、学問分野というのは独自の理論、方法、そして「問いのシステム」を持っていて、研究者はその枠組みの中ではいろんなことを知っていて、いろんなことを解き明かせるのですが、一歩その外に出てしまうと、一見「近いだろう」と思われる質問でも上手に対応できないことが多いからです。

＊実際に取材でこういうことを聞かれたことはないのですが、それに類することは何度もありました。

「お正月の過ごし方」は家族に関係することなので、家族社会学者に聞いてみよう、という新聞記者の発想自体はそれほど間違いではないかもしれません。たしかに、家族の変化はお正月の過ごし方に影響しているはずです。しかし実際にそれについて研究している人は（たぶん）いませんし、もし多少なりとも誠実にお答えしようとするならば、少なくとも半年の研究期間と、ごく簡易的な調査をするための五〇万円程度の資金はほしいところです。取材の電話口で率直に「回答するから半年待ってくれ、それと五〇万円くれ」と伝えたとしたら、取材はそれで終わりですね。そしてもし結果が出たとしても、記者の方が満足いく答えを用意できるとは限りません。ちゃんと伝えようとすると、専門的な統計分析の方法と、そしておそらく「双系化《そうけいか》」「個人化」といった多少ややこしい専門概念を使うことになるからです（「系」についてのお話は第五章で再登場します）。

もちろん、専門家に尋ねているのだから答えも専門的になるだろうと、多くのメディア関係者もわきまえていることでしょう。他方で、専門知はそういった知識に通じている人たちのあいだでこそ理解できるように作られますから、伝えにくいこともまた事実です。

経済学は自分の「土俵」にあげて勝負する

実は、社会学はこの点まだ「まし」なのです。経済学になると、もっと知識体系が専門的になります。「社会科学の女王*」を自任する経済学ですが、そこでは原則的に「自らの効用（幸福）を最大化すべく合理的に行動する個人」を出発点に置いたうえで、華麗な数式展開や計量手法を駆使して社会現象を探究する方法がとられています。

＊一九七〇年にノーベル経済学賞を受賞したP.サミュエルソンの言葉です。

経済学は、いまや「経済現象」についての専門知ではありません。それは、経済学者が発展させた認識の方法を駆使して、家族や教育、そして情報といった分野の現象を解明する学問に発展しています。このように、専門というのはその対象で決まるという側面もありますが、ある現象をどのように料理するのかがより重要です。経済学の場合には、自然科学から拝借しつつ、独自に発展させた数理モデルと計量分析を用います。

これは要するに、**どんな対象でも、いったん自分の「土俵」にあげた上で勝負をする、**ということです。だから対象がさまざまでも、それをあげる土俵が同じなら対応できることが多いのです。さまざまな現象を経済学流の問いや方法の形式にひきつけて、言ってみれば自分の土俵にあげた上で解いていくことに、専門知である経済学の強みがあります。＊これと同様のことは、ある程度心理学にも言えるでしょう。

専門家と一般の人との感覚のズレも、一部にはこの「土俵問題」に起因します。問題を専門知の土俵に引きつけておきたい専門家と、その外に出てほしい一般人とのズレが

自分の土俵ならまかせなさい!!
経済学者
U(x,y)=xy
まいりました
経済学
つよいなぁ
家族
教育
情報
さまざまな現象たち
etc...

あるのです。

＊【読書案内】Ｓ・Ｄ・レヴィット、Ｓ・Ｊ・ダブナー『ヤバい経済学』（望月衛訳、東洋経済新報社、二〇〇七年）には、経済学が「経済」以外のさまざまな領域の謎（ニューヨークの犯罪率や相撲の八百長問題など）を、経済学の土俵に引きつけて見事に解き明かした例がいくつかあげられています。

2　社会をかたちづくる専門知

ところでこのように書くと、前の章で説明した「社会の複雑さの理由」のうちの三つ目、すなわち「知ること」は社会の一部であって、そのなかに巻き込まれているということと矛盾しているようにも聞こえますね。専門知がその対象と相互的な影響関係にある、という話です。しかし実は、**専門知が「社会から切り離されている」ことと、それが「社会とつながりを持っている」ことの両方の側面があるからこそ、社会はわかりにくくなっているのです。**

経済学の例を続けます。経済学は、いうまでもなく極めて強力な知の道具です。あまりに強力ですので、それは世界を認識して専門的な知識を生み出すのみならず、すでに私たちが住む世界の一部になっています。たとえば各国の中央銀行（日本では日本銀行）や、国際的文脈ではＩＭＦ（国際通貨基金）といった近代的な金融機関は、経済学、特に「マクロ経済学」と呼ばれる分野の知識をもとに設置・運営されていて、これらはすでに私たちの生活の土台になっています。これら組織の運営方針についてはさまざまな見解の対立がありますが、少なくとも中央銀行について「そもそもなくても良い」という見方は極めて少数派です。

経済学だけではなく他の社会科学も世界の一部を構成することはあります。政治学の理論は、政治のあり方（議院制度、選挙制度等）と相互関係にあります。つまり、政治学は政治の制度を観察・研究して、一定の専門知識を得ます。そしてその専門知識は、実際の政府や選挙のかたちに反映されることがあります。とはいえ、マクロ経済学ほど大規模に世界の土台になっている学問はほかにないでしょう。

政治と経済も「緩く」しかつながっていない

私たちの社会は、このように専門知に基づいた無数の仕組みによって成立しています。自動車の比喩をもう一度思い出しましょう。自動車は、材料工学（アルミ、ガラス、ゴム等々）、熱力学、電子工学といったたくさんの専門技術の組み合わせです。いったん独自の分野（土俵）が別々に構築され、それぞれの場所で知識が発展し、自動車という製品においてそれらを再度組み合わせるわけです。

社会についても同様ですが、やっかいなのはこの組み合わせ方が自動車のようにきっちりと隙間なくなされているのではなく、かなりの「緩さ」を含んでいることにあります。そう、本書の最初の方でお話しした「緩さ」ですね。もちろん自動車のような精密機械においても多少の緩みが入り込む余地はあります。だからこそ故障や事故が稀に起こるのです。ただ、多くの場合には機械は問題なく動くものです。それは、動作テストをし、うまくいかない場合には一旦止めてから検査するなど、観察と検証をすることが容易だからです。

これに対して社会では、すでに述べたようにそうはいきません。たとえば、政治と経済のつながりは、きっちりとした完全なものではありません。この「つながりの緩さ」があるからこそ、金融システムが政治その他の影響でうまく機能しなかったり、少子化に歯止めをかけようとして導入した政策が裏目に出たり、といったことがふつうに起こるのです。

もう一度確認しましょう。社会は、知識や専門システムの組み合わせでできています。そしてその組み合わせ方には、緩みが入り込みます。繰り返しになりますが、この「緩さ」という言葉も、社会の成り立ちについて知る上できわめて重要な概念です。この先でも何回か再登場しますので、ぜひ覚えておいてください。

3　自分の土俵をつくらない学問

ただ、学問にもいろいろなものがあります。ふつうは、経済学のように現実の対象とかなり距離をとった土俵を持っているものです。つまり、いろんな専門知の土俵がいろんなところにあって、これが学問分野の独自性となっています。

他方で、学問分野を特徴づけるもう一つ重要なポイントがあります。しかもこのポイントは、これまであまり論じられてこなかったものです。すなわち、対象との距離も学問によって異なっている、ということです。

さきほど、社会学は経済学に比べれば専門化の度合いが小さい、と述べました。私は、社会学の特徴の一つはここにあるのではないか、と考えます。そして社会学の意義を伝えることの難しさも、ここにあるのだと思っています。なにしろ、一般の方が学問に期待するのは専門的な知識ですから。

社会学は、心理学や経済学といった近隣分野の学問と比べると、自分の土俵のようなものをはっきりと備えていません。いえ、正確に言えば、土俵を自前で作らないところが社会学の強みであるし、またそうであるべきなのです。これについてはもう少しあとになって振り返りますが、ここでちょっとだけ先取りしておきましょう。

世界をそのまま理解しようとする社会学

「土俵を作ってそこに問題（対象）を引きつける」タイプの知識もあれば、明確に土俵を作らずに、現にある世界に寄り添い、それをそのまま理解しようという知識もあります。前者のタイプの知識は、まさに専門知の強みを発揮します。経済学の論文を眺めてみると、数年間のトレーニングを受けないと理解できないような数理モデルによる演繹《えんえき》的推論《てきすいろん》（演繹的推論が何かについては、また第五章で説明します）や、力学を応用した難解な統計モデルによる実証研究がたくさんあります。そういう世界に現象の方をひきつけて、素朴な推論や観察では気づかれていなかった説明を提示しようとするわけです。

これに対して社会学では、もちろん経済学と同様に数理モデルや複雑な統計モデルを使うこともありますが、実はあまりこういった知識は目立ちません。どちらかといえば、人々の生活という土俵に自分が乗っかっていく方向性が強い学問です。経済学では、あるいは通常の学問では、「まだ知らないこと」は自分たちが展開する専門知の先にあります。これに対して社会学では、「まだ知らないこと」はむしろ対象の側にあり、対象の方がむしろ専門家よりもそのことを知っている、と考えることが多いのです。*

＊【読書案内】「社会学と日常知識とのつながり」を念頭において作られたテキストが、筒井淳也・前田泰樹『社会学入門』（有斐閣、二〇一七年）です。さらに、「変化する社会を理解する」という特徴を踏まえて類似の見解を展開しているのが、稲葉振一郎『社会学入門・中級編』（有

斐閣、二〇一九年）という、一風変わったタイトルの本です。ただ、本書とはやや異なった社会学の特徴を強調していますので、興味があればぜひこちらも読んでみてください。

そこに社会学の一種の「素人くささ」があり、また独自性や強みがある、と私は考えます。社会学は、言ってみれば「御用聞き」のような学問です。「用があるなら（知りたいことがあるなら）お店まで来てください」ではなくて、呼ばれていなくても「何かネタはありますか？」と、こちらから足を運ぶわけです。* 社会学の本や論文を見てみると、それこそ「現場」に入り込んで、そこでの問題を解明しようとしているものが無数にあります。

*【読書案内】アメリカや一部ヨーロッパの社会学では、経済学と同様にかなり専門化が進んでいます。このように最も専門化が進んだアメリカの社会学の世界でも、社会学者が問題の在り処を対象者に求めることはよくあります。いわゆる専門的な学術雑誌ではなく、書籍となっている社会学者の仕事には、そういった例がたくさんあります。アーリー・ラッセル・ホックシールドの『タイム・バインド』（坂口緑他訳、明石書店、二〇一二年）という本は、アメリカの共働き夫婦の生活実態を研究したものですが、まさに対象者の側にどっぷり浸かりこんで、共働き夫婦の生活の苦しさがどこにあるのかを明るみに出した作品です。抽象的なモデルも理論も登場しま

せんが、対象に寄り添うことで、既存の研究でははっきり意識されてこなかった問題をえぐり出すことに成功しています。

未婚化・晩婚化をいかに説明するか

現場に入り込まないまでも、専門知の枠組みにこだわらなければ、問題について切り込む手口を広く自由に考えることができます。一つ例を挙げましょう。日本では現在、未婚化が進んでいます。ただ、未婚化あるいは晩婚化自体は他の経済先進国でも広く見られた現象なので、これを説明しようとした研究者がたくさんでてきました。

経済学では、一九九二年にノーベル経済学賞を受賞したゲイリー・ベッカーが有名です。ベッカーは、標準的な経済学の理論枠組みを、経済現象以外に適用することが得意な学者でした。* ベッカーは結婚タイミングの遅れについて、人々が効用（幸福、利益）を最大化するように行動する、という経済学のひとつの見方をもとに説明しました。この効用は、人々がそれぞれの得意分野に特化したほうが大きくなります。分業の利得ですね。そして、男性がお金を稼ぎ、女性が家のことをするという分業こそが、結婚することのメリットだ、とベッカーは考えます。しかし女性も男性と同様に働くようになると、結婚のメリットが小さくなります。このことが、人々の結婚行動に影響する、と考えるのです。

＊ベッカーがノーベル経済学賞を受賞した理由は、まさに「非市場的行動に経済学の分析を適用したこと」でした。

これに対して社会学者のヴァレリー・K・オッペンハイマーは、別の説明を試みます。「もっと他に考えるべき、背景の社会変化があるのではないか」というのが出発点です。そう、人々の行動は、経済学者がさしあたり出発点に据えるような、独立した空間に生じるものではなく、複雑で変化する社会環境に投げ込まれて生じるのでした。結婚タイミングの遅れという現象も、ポッカリと浮いた真空で生じている物理的現象ではなく、どっぷりと特定の時代・地域の中に入り込んだ人々の行動の結果なのです。

オッペンハイマーが注目したのは、人々の仕事キャリアの不安定さでした。一九七〇年代以降、グローバルな経済変動のせいもあり、経済先進国でも人々が安定した人生を送るための職業に落ち着くまでの期間が長くなっています。職業内容の高度化もあり、大学進学率も高くなってきました。結婚は、できれば一度で済ませたいものです。ですので、人々は仕事が安定するまで結婚を延期しようと考えるのです。

オッペンハイマーの結婚タイミングの理論は、実は経済学の「サーチ理論」という理論を拝借しています。とはいえ、そこで考慮されている要因は格段に多様で複雑です。労働の変化、経済の変化、そして教育の変化。これらはシンプルな数理モデルに落とし込むことが難しいこともあったのでしょう、ベッカーと違ってオッペンハイマーは理論の展開において数理モデルを使いませんでした。シンプルで美しいベッカーの理論と比べると複雑で緩い説明ですが、それでも現実によくフィットする可能性のある理論でした。

そして実際、オッペンハイマーの理論枠組みは現実社会のデータをよく説明していたのです。ベッカーの理論が正しければ、高学歴で稼ぐ女性の方が結婚しない、あるいは結婚を遅らせるはずです。しかしアメリカでは、一定の条件下において、稼ぐ女性の方が結婚が早くなったのです。これは、稼ぐ力を持つ女性の方が、ある地域・ある時代における「生活の安定」という視点から見れば、パートナーを探す男性にとって魅力的であったからです。

何度も強調したいのですが、経済学などの専門知は間違いなく鋭く、また強力なものです。その切れ味は魅惑的、その体系は美しくさえあります。対象からいったん離れ、独立したモデルを構築し、それによっていままで見えにくかったものを見えるようにできることが、自然ではもちろんのこと、社会についてもたしかにあるのです。このことは絶対に否定してはなりません。対象から切り離された理論や方法の体系を持つ学問は、まさにこの「切り離し」のメリットを活用しているのです。

他方で、社会学はどちらかといえば、雑多な社会環境に埋め込まれた人々の行動そのものをまずは見ようとします。どちらの知のあり方も、尊重すべきものです。ただ、一般には学問＝専門知、という考え方が強く、後者のような「知」のあり方の居場所は、ちゃんと理解されていないのではないか、と私は常々感じています。

4　社会全体の理論――グランド・セオリー

こういった「対象の側に出かけていく」という特徴も社会学の一部ですが、社会学はまた別の側面を持っています。社会学を少し学んだことのある人ならご存知でしょうが、社会学は壮大な「社会の理論」を構築しようという欲望を持ってきた学問でもあるのです。社会学ではそういった理論のことを「グランド・セオリー」と呼びます。「グランド（grand）」には、「壮大な」という意味もありますが、他方で「誇大な、思い上がった」という意味合いもあります。グランド・セオリーは、「社会とはそもそもこんなふうに成立し、また変化するのだ」ということを示そうとする、ある意味で無謀な理論体系のことです。*

*【読書案内】代表的な社会理論には、タルコット・パーソンズの構造機能主義理論、ニクラス・ルーマンのシステム論などがあります。本人たちの本を読むのは大変なので、興味のある方は、まずは社会学の入門書の中にある解説を読んでみてください。友枝敏雄他編『社会学の力』（有斐閣、二〇一七年）などがおすすめです。この本の中には、筆者が（すぐあとで登場する）ギデンズについて解説した章もあります。

私は、いまでは数量データを用いて家族や働き方の調査研究を行っていますが、かつては別の研究をしていました。大学（学部）時代には哲学を研究していたのですが、卒業したあと、一年浪人して大学院に進学しました。大学院時代には、社会理論について研究していました。社会理論とは、とりあえずグランド・セオリーのことだと考えておいてください。特に、イギリスの社会学者アンソニー・ギデンズの「構造化理論」が私の研究テーマでした。

同じ大学院の他の研究室では、それこそ人々の個々の問題に関わり合っている社会学の研究者もいました。こちらは、経験社会学あるいは実証社会学と呼ばれています。たとえば、医療、保育、貧困といったことにかかわる様々な現場におもむき、そこで何が行われているのか、何が問題になっているのかを明らかにしよう、といった研究です。

ここで理解してほしいことは、社会についての壮大な理論を構築しようとする方向性と、人々の生活に寄り添って研究しようという実証的な方向性という、一見相反する二つの社会学は、実は根底でつながっている、ということです。どういうことでしょう。

一方で、社会学は対象をあまり専門的な土俵にひきつけない、ということを言いました。そのことによって、専門知の中で何が問題になっているのかをいったん脇に置いておいて、人々が現にどういう問題を抱えているのか、その背景に何があるのか、その問題はどう説明できるのかを探るのです。なにしろ、人々が抱える問題は、人によって異なっていて、複雑な社会の部分の絡み合いのなかで生じ、しかもそれは刻々と変化していくのですから、固定しがちな専門知が通用するとは限らないのです。

他方で、社会学には社会全体についての壮大な理論を展開するという側面もあるのでした。ただ、この理論には一定の特徴があります。それは、「社会のわからなさ」を追究しようとする、という特徴です。「どうしてそもそも秩序があるのか」「なぜ社会はいくつかのセクションに別れているのか、またそれはいかにしてか」「なぜ社会は思うように制御できないのか」といった問いが、社会理論研究の解くべき主要な課題です。

このように言えば、二つの指向性が関係していることも少し理解できるのではないでしょうか。経験社会学者は、社会というのはそもそもよくわからないものだ、だから問題のあり方をまずは虚心にながめてみよう、と考えます。そして理論社会学者は他方で、そもそもなぜ社会はこんなにわからないものなのかについて考えるのです。

5　哲学の動向と社会学

さきほど社会理論の主要な課題を紹介しました。そこにあった「どうしてそもそも秩序があるのか」といった問いは、いかも哲学的な匂いがしませんか？

そうです、実は社会理論の多くは、哲学を土台に構築されています。そして社会理論の独特の特徴を理解する上で、哲学の最近の潮流はよいヒントを与えてくれます。ですので、ここで社会学の話を進める前にちょっとだけ寄り道して、哲学について少しだけお話ししましょう。哲学の近年の展開は、ちょうど先に示したような社会学の方向性と軌を一にしているのです。

哲学といっても、どんな問いに取り組むのかによって、分野がいくつかあります。「そもそも、ものが存在するとはどういうことか？」「時間には始まりと終わりがあるのか？」「自分が〈いる〉ということはどういうことか？」といった、いかにも私たちが「哲学的だな」と感じるような問いについて考えることを形而上学《けいじじょうがく》といいます。形而上学的な問いは、存在に関する問いをたくさん含んでいるので、存在論という言葉も、同じような意味で使われることが多いです。

存在論と認識論が与えた影響

ギデンズの社会理論である構造化理論も、その土台には存在論哲学があります。特にギデンズは、存在論を代表する哲学者であるマルティン・ハイデガーの研究をよく参照しています。ごくごくかいつまんでいうと、ハイデガーの存在論は、私たちが世界に「投げ込まれている」ことを強調します。これを「被投性《ひとうせい》」とか、「世界内存在」といいます。* ここからギデンズは、**私たちは生まれ育つ中で、自分の周囲の環境を自分で一から作るのではなく、すでに構築された社会環境に投げ込まれている**、という見方を引き出します。この環境は、自分で作ったものではないですし、また複雑ですので、自分の思い通りにならないものなのです。

＊【読書案内】 ハイデガーの主著は、『存在と時間（上・下）』（細谷貞雄訳、ちくま学芸文庫、一九九四年）です。二〇世紀最大の哲学書の一つだとされています。ただ、非常に難解ですから、まずは入門書を読むほうが良いでしょう。いくつかありますが、どれがおすすめなのかはわかり

ません（人によります）。大きな書店の哲学コーナーや新書コーナーで、「これならわかるかも」と感じるものから読んでみてください。

「存在論」と対置される哲学のもう一つの分野も、社会学に影響しています。それは「認識論」です。認識論とは、正しい知識（真理）に到達するにはどうしたらいいのか？　といった問いに取り組む哲学です。認識論的なアプローチを用いた有名な哲学者といえば、ハイデガーよりも時代はさかのぼりますが、イマヌエル・カントでしょう。

哲学における認識論の流れを概観することは私の能力を超えていますので、興味があるなら、関連する入門書を読んでみてください。* ここでは、さきほどの根本的な問題、すなわち「人間とは、自分たちで作り上げた、なんだかよくわからない環境のなかで生活する存在」であるということを思い出してみましょう。このような状況に投げ込まれた人たちを眺めながら、「そもそもどうやったら正しい知識にたどり着けるのか？」という認識論的な問いを立ててみたところで、なんだかあまり役に立たなそうな気がしませんか？

＊【読書案内】存在論と違って、認識論はきちんと理屈を追っていけば理解できます。認識論に

ついてまとまっている好著に、戸田山和久『知識の哲学』（産業図書、二〇〇二年）があります。

「突き詰めれば、確実な知識を導くための基礎にたどり着ける」という考え方、あるいは少なくとも「どうやったら確実な知識にたどり着けるのか？」などの問いに取り組むべきだ、という認識論上の立場を、「基礎づけ主義」と呼びます。これまで多くの哲学者が、この基礎づけ主義の立場に立って思考を張り巡らせてきました。基礎づけ主義が正しければ、誰も否定できない確実なコアとなる知識がブロックのように存在していて、それを土台にして知識を組織化していけば、確実な知識の体系ができあがる、というわけです。ですので、このコアとなる知識を求めて、幾人もの認識論哲学者が格闘してきたのです。

ただ、認識論における基礎づけ主義は、哲学が発展するにつれて徐々に立場を弱くしてきました。正しい知識を基礎づけることは、論理的にはどうも無理らしいということが言われるようになってきたからです。代わりに登場したのが、「私たちは現に、どのようにある知識を受け入れて、別の知識を受け入れていないのか？」といった問いに代表されるような、実際の人間の認識プロセスを解明しようとする立場です。そしてこの解明に役に立つとして期待されているのが、心理学や脳科学だ、と述べられています。*

*戸田山『知識の哲学』一七二頁。

6　社会の認識は、社会のあり方の認識に依存する

ただ、哲学の認識論が主に念頭に置いていたのは、自然についての認識、つまり自然科学でした。自然の挙動は今も昔も変わりませんから、それについての知識も基本的には時代、あるいは社会の動きに影響されないはずです。それでも、「自然科学の知識については、その正しさを基礎づけすることができない」ということが哲学的認識論の世界で有力な主張になってきているのです。では、社会についての認識についてはどうでしょうか？

さきほどの現代認識論の立場（自然科学の知識を念頭に置いている）を、ごく単純化してまとめると次のようになります。古い認識論は「自然科学を認識論に基礎づけ」しようとしたのに対して、現在では「認識論が（心理学や脳科学などの）科学の一部になった」ということです。この言い方を拝借すれば、私がこの本の中で依拠する立場は、次

のようになります。[*]まず、社会学は——当たり前ですが——社会についての知識を得るための学問です。そして社会学は、哲学の認識論が用意してくれた「正しい認識を得るための手続き」を土台として、社会を認識するのではない。そうではなくて、社会の認識論こそが、社会学の一部なのです。

私たちは、非常に複雑で変化に富んだ現代社会に生きていて、「どうやったら社会についての正しい知識にたどり着けるか」という問いに、もはや説得力を持つことができません。求められているのは、むしろその都度問題を認識し、解明していくことの連続のなかで、どのように認識し、どのように理解し、そして生きていくのがよいのか、ということについての方針です。

そしてこの認識の基底にあるべきなのが、第一章で述べてきたような、私たちが生きる社会の根本的なあり方についての考え方なのです。

***【読書案内】**「社会の／と認識論」というテーマについては、様々な論考が展開されています。社会学が発展する中で、社会についての認識は、社会学のなかの「方法論」という分野において議論されてきました。これに対して、哲学の分野からは、ピーター・ウィンチが社会的な事柄の

認識は哲学的に行うべきだ、という哲学主義的な立場を表明します（『社会科学の理念』〔森川真規雄訳、新曜社、一九七七年〕）。その他には、ロイ・バスカーの批判的実在論（『科学と実在論』〔式部信訳、法政大学出版局、二〇〇九年〕）などが、社会認識の問題に発展してきました。向きは異なりますが、自然科学の認識論の社会性についての議論もいくつかあります（たとえば伊勢田哲治『認識論を社会化する』名古屋大学出版会、二〇〇四年）。本書では、こういった一連の流れについて概観することはしませんが、興味があればぜひトライしてみてください。

第三章　変化する社会をどう理解するか

1　「すでに作られた環境」に投げ込まれる人間

第一章で、「人間とは、自分たちで作り上げた、なんだかよくわからない環境のなかで生活する存在」だということを強調しました。本書の目的の一つは、こんな不思議な状況に置かれてしまった私たちが、どういう心構えで「よくわからないこと」に向き合ったら良いのかを考えることなのですが、そのためには「いったいどうしてそんなことになっているのか」についても理解しておく必要があります。まずこの章では、これまでの社会学の知見の助けを借りながら、この社会をどう理解するのかについて説明していきましょう。

まず出発点として確認しておくことは、ここで問題にしているのが「自分たち人間が作り上げた環境」であるということです。もちろん自然界にも、私たちが知らないことがたくさんあります。自然科学は、そこに隠れた法則を数学や統計学の力を借りて明らかにしてきました。ただ、ここでは人間が「自分たちが作り上げた環境」だけに話を限定します。私たちは、しばしばこの環境のことを「社会」とか「制度」といった言葉で表現します。社会学だと、「社会構造」という言葉もあります。

制度というと、日本語では年金制度といった比較的明確な趣旨を持ったシステムのことを指すこともありますが、英語の institution という言葉はもう少し広い意味を持っています。institution は、病院や刑務所などの比較的規模の大きな施設を指すこともありますし、結婚や伝統規範など、社会の重要な部分として認識されている慣習あるいは行動規則を指すこともあります。ここでは、後者の意味合いで制度という言葉を使っています。ですが、厳密な定義についてはそれほど気にする必要はありません。

社会構造というのは、社会学では制度とはちょっとだけ違った意味合いで用いられます。ここではとりあえず、社会構造とは制度が絡み合ってできた結果のように考えておいてください。その上で、ここで「社会」という言葉で、制度とか社会構造を緩く指しているとと考えておいてください。

ここで、「緩く」などというと「なんだかいい加減だなあ」と感じる読者の方もいらっしゃるかもしれません。しかし、**言葉を使うときは、ある程度の「緩さ」が機能することもあります。なぜなら、私たちの考え方（概念）も、社会のつくりも、そして個人と社会の関係も、すべて「緩い」ものだからです。**この緩さに対応させれば、当然それを表現するための言葉も一定の緩さを含みこむことになります。もちろん、「対象が緩いからこそ、その定義は明確にする」という立場にも大きな利点があります。緩いものを記述しようとするとき、緩さを排除すれば、ある程度厳密さ・客観性を確保することができます。他方で、それはもとの緩い対象からは離れたものになるかもしれません。前の章で「未婚化」を説明する理論について述べたのと同じで、あえて緩い概念を用いることで説明できることもあるのです。

概念、社会の仕組み、そして個人と社会の関係には、一定の「緩み」があるせいで、私たちの社会には予想もできないことが生じますが、他方でこの緩さは、人間の自由、そしてオリジナリティや創造力の源でもあります。

2　人間と社会についての二つの見方

すでに説明したことの繰り返しにもなりますが、ここで、社会と私たちの関係を表した単純な図をみてみましょう。

上側の図では、私たち個人個人が何らかの意図を伴って社会を組み立てていることを示しています。「老後の生活の不安を和らげよう」と多くの人が考えれば、それを政治に反映させて、年金制度を作り上げる、というわけです。世の中のいろんな仕組みや組織が、誰かの意図を汲《く》み取ったかたちでできあがっている、というわけですね。

これと対照的に下の図は、私たちがすでにある社会に「投げ込まれて」いる様子を表しています。この場合、私たちの多くは、特定の社会制度がどのようになっているのか、よく知りませんし、説明もできません。その、よくわかっていない制度の上に乗っかった上で私たちは行動します。ときには、制度を部分的に作り変えることもあるでしょうが、なにしろ全体のことはよくわかっていませんから、裏目に出ることも多々あります。

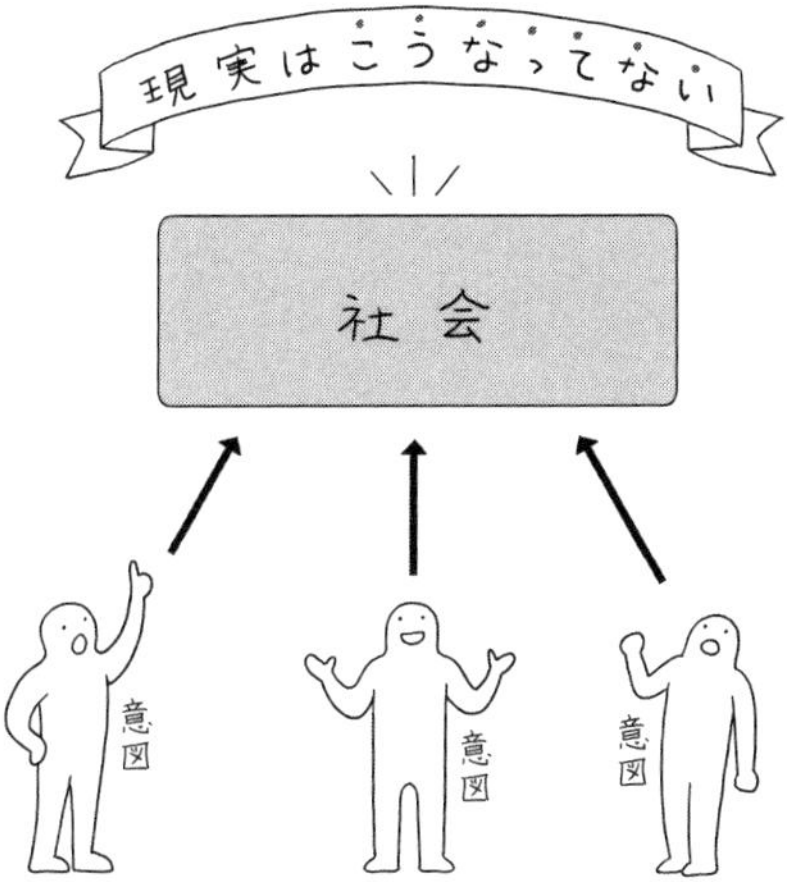

現実はこうなってない
社会
意図
意図
意図

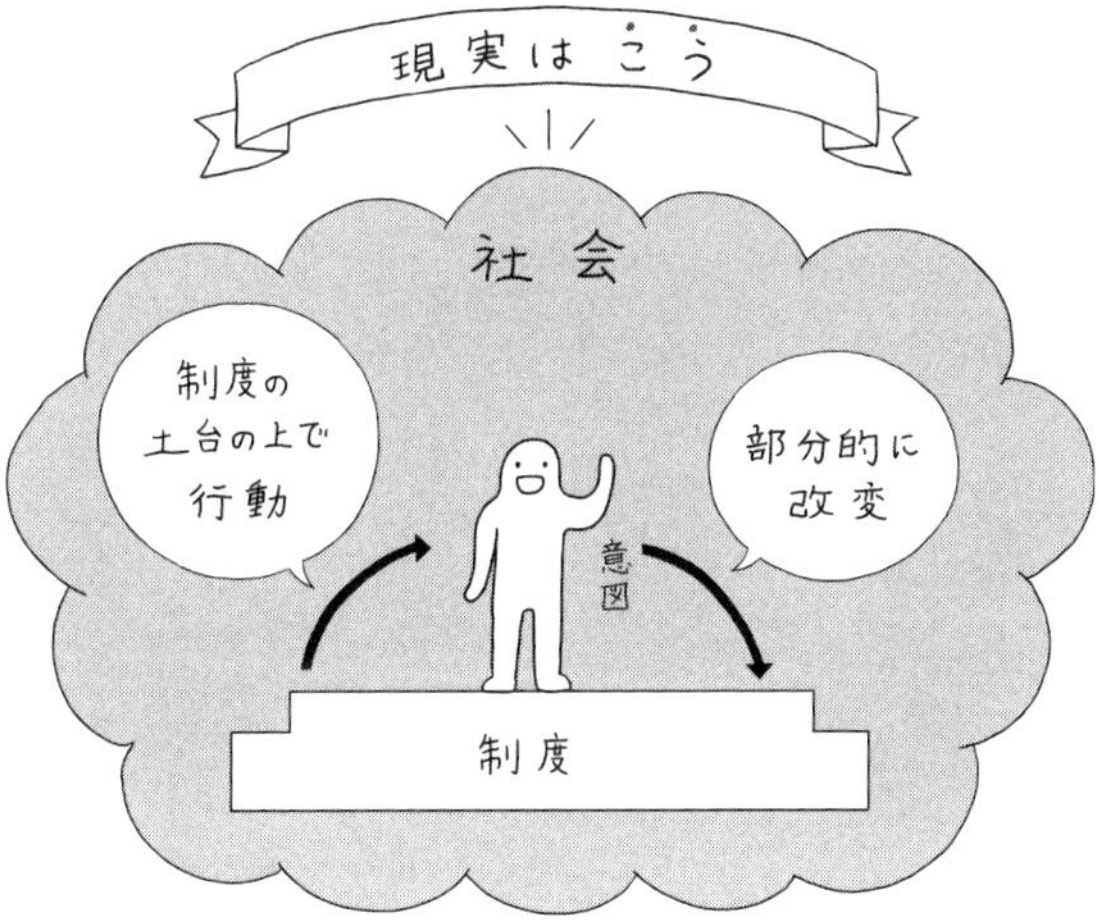

現実はこう
社会
制度の
土台の上で
行動
部分的に
改変
意図
制度

言語も自転車もよくわからずとも使えている

社会学では、どちらかといえば人間と社会の関係は下図のようになっていると考えます。繰り返しますが、私たちは、私たちが作っている社会環境のことを「よく知っている」わけではないのです。これを認めることは非常に重要ですから、繰り返しを厭わずに説明します。

たとえば「言語」。言語は、人間が作ったものです。日本語は、この地域に住む人たちが長い時間をかけて作り上げてきた規則性（制度）を土台にしています。しかし言語、少なくとも自然言語は、上の図のようにその都度複数の人間が集まって、話し合って規則を定めて、それで運用されているようなものではありません。まさに、私たちはすでにできあがっている言語規則に子どものころに投げ込まれ、最初はひたすら周囲の模倣をすることしかできません。習熟を重ねることで、私たちは言語を使っていろんな行動（物をねだったり、気持ちを伝えたり）を上手にすることができるようになるのです。

言語の習熟は、「自転車の乗り方」とよく似ています。私たちは最初は、いろんなことを考えながら自転車にうまく乗れるように努力するでしょう。いったん上手に乗れるようになれば、もはや私たちは自転車の乗り方を意識する必要はありません。そこは無意識にできるようになっているので、ストレスなく「移動」という目的が遂行できるようになるのです。

年金のような、その趣旨が明確なシステムでさえ、すでに述べたように、私たちはちゃんと説明できません。制度の仕組みを説明できる人ならば、そこそこいるでしょう。行政の年金担当者やフィナンシャル・プランナーならば、年金の種類（国民年金、厚生年金など）、支給開始年齢、支給額の計算について、かなり正確に説明できるはずです。ただ、年金制度がその他の社会構造のなかでどのように影響している／影響されているのか、たとえば少子高齢化でどれくらい維持が難しくなるのかといった見込みについては、専門家でさえ意見が分かれています。第一章で説明したことを思い出してください。複雑な専門知やそれに立脚した制度は、その周囲の社会のなかに埋め込まれているのです。

例をあげればきりがありません。私たちは、当たり前のように生活の中でその成り立ちや維持の仕組みについて知らないインフラを利用しているのです。

3　人間が社会を作るが……

このように社会学は、「すでに作られている環境」「かつて何らかの意図を持って作られたが、のちに特段意識されない環境になってしまった制度」といった社会の側面を特に強調します。これは、経済学や心理学などの学問分野にはあまりない傾向です。社会学は、このような個人と社会との関係について説明するための枠組みをいくつか持っています。ここではそのうちの一つを紹介しましょう。すでに何回か登場してもらった社会学者ギデンズの構造化理論と呼ばれている考え方です。構造化理論についてはまだきちんと説明していませんでしたので、ここで説明します。

構造化理論では、私たちは何らかの行為を行うとき、無数の制度や構造を前提としている、と考えます。ここで「行為」とはさしあたって、「あなたは何をしているのか」と問われたときにその人が答える内容のことだと考えてください。たとえば電車に乗っているのが「通勤のため」ならば、その行為は「通勤」であって、それはその人も理解していることです。「通勤しているが、言われるまで気づかなかった」ということはないでしょう。このような行為の意味を、社会学の行為論では、行為者が行為に付与した「主観的意味」と呼びます。

この通勤という行為が成立するためには、無数の前提となる制度や社会構造が必要です。直接に電車を動かしているのは運行会社ですが、そこでは電車を動かす際の運行システム、企業経営、経営のための経理システムなどが必要になります。さらに、電力などのインフラ（基盤）、そのために必要な国の経済制度、そしてもちろんすべての活動のインフラとしての言語も必要です。

もちろん、通勤をする人がこういった無数の制度や社会構造をその都度作っているわけではありません。すでにできあがっている制度や構造を――多くの場合はっきりと意識せずに――利用しているのです。また、通勤をする人はこれらの仕組みを理解しているわけでもありません。にもかかわらず、通勤という行為の前提となる制度は、まさにその通勤という行為をたくさんの人々が行うことによって、その結果として存続しています。通勤する人がいなくなれば、電車の運行に関連する多数の制度はなくなりはしないでしょうが、ずいぶんと違ったものになるはずです。

構造は行為の「意図せざる結果」

このことを構造化理論では、「構造は条件であり、同時に結果である」「行為が構造を再生産する」と表現します。どんなに規模の大きな制度や社会構造も、それを使うたくさんの人々の行為がなければ存続できない、ということです。そして大事なことは、行為が構造を結果として再生産していることを、私たちは普段は気にしていない、ということです。つまり再生産そのものは行為の主観的意味ではないのです。ですから、通勤している人に「あなたは電車の運行システムを維持しているのですね」と聞いても、「?」となるでしょう。再生産が行為の目的ではないとすれば、それは何なのでしょうか。構造化理論では、構造は行為の「意図せざる結果」として再生産される、と考えます。

もちろん私たちは、社会制度や構造を意図して作り変えようとすることもあります。政治や社会運動はそのための典型的な手段でしょう。ただその場合でも、**社会を根本から作り変えることは不可能**です。それは、あたかも自転車に乗りながら、その自転車を新しいものに作り変えるようなもので、そもそも無理な話です。革命というのは大きな社会変化ですが、そのために言語や家族制度といった基底的な制度までガラッと変わってしまうようなことはありません。

下手な比喩を使うと、こうなります。私たちは、なんだかよくわからないけど動き続けている流動的な土壌（社会構造）の上を歩き続けています。私たちが歩くせいで、土壌もゆるゆると動き続けています。土壌が急に割れたり地すべりを起こしたりするとき、私たちはそれをなんとかコントロールしようとしますが、うまくいかないこともあります。なにしろ、見えやすいのは表面だけで、奥深いところで土壌がどのような動きをしているのかは、よくわからないのです。しかもこのなんだかよくわからない土壌は、人間が自分たちで作ったものが沈殿してできたものなのです。

4　個人と社会の「緩い」関係

以上のことをもう少し別の言い方であらわすと、本書ですでに何度か登場した「緩さ」になります。すなわち、行為と社会（制度、構造）の関係は「緩い」のです。この緩さを表現した理論こそが、構造化理論なのです。私は、緩さを含みこんで理論化したことが、ギデンズの構造化理論の最大の功績ではないかと考えています。それは、社会の変化の特徴をよく捉えているのです。

ここで「特徴を捉えている」というのは、変化をよく説明できているとか、法則性を取り出すことができた、といったことではありません。逆に、「**社会の変化に確固とした法則性はない**」ということが示されているのです。なぜ法則性がないのかといえば、まさに行為と構造の関係が緩いからです。ただ、緩いといっても一定の傾向性や連動性はあります。ですから、社会変化は決して支離滅裂ではなく、ある程度ならば「理解」できるものなのです。もう一歩踏み込んで言えば、この緩さを意識していないと、社会の変化をきちんと記述することはできません。

女性の労働力参加を起こした緩いつながり

ここは少しわかりにくいかもしれませんが、この本の中でも非常に大事なポイントなので、具体的な社会変化の例をとりあげて、詳しく説明しましょう。

二〇世紀の後半の社会変動にはいくつかの大きな流れがありましたが、目につくところで大きな変化のうちのひとつが、女性の労働力参加です。有名な社会学者・社会政策学者のイエスタ・エスピン＝アンデルセンは、経済先進国における女性の労働力参加を「革命」になぞらえています。* ここで「労働力参加」とは、稼ぎを伴う労働に従事している、あるいはそういった職を求めている、ということです。特に近年増え続けているのが、家業や農業ではなく会社で働く女性が増えた、ということです。では、何がこの変化を引き起こしたのでしょうか？

*【読書案内】このことは、イエスタ・エスピン＝アンデルセンの『平等と効率の福祉革命：新しい女性の役割』（大沢真理監訳、岩波書店、二〇一一年）という本に書いてあります。女性の労働力参加のわかりやすい説明については、拙著『仕事と家族』（中公新書、二〇一五年）を読んでみてください。

もし社会が「意図通り」に作られていて、社会変化も同じように人々が思い抱く目的に沿って生じるのだとすれば、社会が変化したりしなかったりすることは、「行為」の水準で説明されることになります。この場合の行為の主体は、社会を動かす権力を持っている人、すなわち政治家や経済界のリーダーたち、ということになります。たとえば、「日本社会で女性の活躍が遅れているのは、一部政治家の価値観が古くて、女性を抑圧する制度を維持させているからだ」といった考え方がしばしばなされます。逆に、「女性が職場進出したのは、男尊女卑的な制度が撤廃されていったから」という説明もなされます。これが「意図」あるいは「行為」による社会変化の記述です。

仮にこの説明だけを採用してしまうと、そこには「緩さ」がないことに気づいたでしょうか。行為（意図）と社会（結果）がシンプルに連動・直結していて、その他の要素が考慮されていないからです。

しかし実際の社会変化は、このように記述できるとは限りません。たとえばアメリカでも日本でも、第二次世界大戦のときは大量の女性が職場進出しました。なぜかといえば、多くの男性が戦争で兵役に行ってしまって、国内で生活用品や軍需品の生産をする労働力が不足したからです。スウェーデンでは、第二次世界大戦後に多くの女性が職場進出しました。その理由は戦後復興です。フランス、ドイツ、イギリスなどは戦場になって、復興に大量の資材（主に鉄鋼）が必要になるのに、工場も破壊されていたため、戦場にならなかったアメリカやスウェーデンからの輸入に頼ったのです。スウェーデンでは、極度の労働力不足が発生し、家庭で主婦をしていた女性が生産活動に駆り出されることになりました。

この場合、明らかに戦争が女性の職場進出の原因です。ただ、この因果関係を「女性の職場進出を促すために戦争が起きた」と記述する人はいません。そうではなく、まさに**戦争の意図せざる結果の一つとして、女性の職場進出が生じた**のです。

意図せざる結果としての社会変化

その他にも、女性の職場進出を「意図せざる結果」として引き起こした社会変化はたくさんあります。サービス労働化もその一つです。サービス労働というのは、いわゆるモノ（農産物や工業製品）を作るのではなく、事務や営業、金融などのかたちにしにくい仕事のことです。一九七〇年代以降、アメリカの経常収支と政府財政の悪化、それに対応した「ニクソン・ショック」に起因する一連の経済構造の変化によって、資本のグローバル化が生じます。資本のグローバル化とは、たとえば企業が生産拠点を海外に移転するなどの動きを指します。このため、先進各国では国内の製造業が空洞化していきます。日本だと、テレビや自動車などの工業製品の生産を行う企業は日本に残っても、実際の生産が東南アジアなどに移転し、そのために国内の工場で働いていた人々の仕事が失われることを指しています。

こうして国内では製造業からサービス産業への産業転換が生じますが、この動きが女性の職場進出を促すのです。というのも、サービス産業の主要部分は事務仕事（いわゆるホワイトカラー労働）なのですが、ここでは女性が活躍する条件が、少なくとも生産の現場よりはあったからです。また、製造業の空洞化は男性の雇用を不安定にしますから、一定の条件下において共働き世帯を増やすことにつながります。

実は少子高齢化も女性の職場進出に貢献しています。子どもが少ないことは、子育て期間の短縮を意味しています。子育てのほとんどを女性が担うという性別分業社会では、子育て期間が短くなればその分家庭の外で働くことが女性にとってやりやすくなります。子どもがたくさんいると、こうはいかないでしょう。また、高齢化は介護などのケア労働のニーズを増加させますから、ここでも女性の就労が促されるわけです。

そしてやはり、以上のような社会変化を「資本のグローバル化が女性の職場進出を加速させた」と記述することはできますが、「女性の職場進出を引き起こすために資本のグローバル化が進められた」と記述してしまうと、トンデモ学者に認定されてしまうでしょう。同じように、「女性の社会進出を促すために少子高齢化が引き起こされた」と記述する人はいません。

子どもがたくさんいた時代のほうが核家族が増えやすい

こういった例は、社会学の知見にあふれています。なぜならば、社会学では社会変動の説明を行う際に、意図に還元することにこだわらないからです。たとえば家族社会学では、「戦後の日本では少子化のせいで核家族化が抑制された」と言われています。* 核家族とはここでは、祖父母との同居をしない、親と子だけの世帯です。では子どもが少なくなると、なぜ核家族化の動きが抑制されるのでしょう。

核家族というと、親子と一緒におじいちゃんおばあちゃんが同じ世帯で暮らす三世代同居世帯と比べて、いかにも脱伝統的な、近代的な家族のあり方のように聞こえます。

しかし実際には、子どもがたくさん生まれている時代のほうが、核家族が増えやすいのです。なぜでしょうか。子どもがたくさん生まれていた時代、つまりきょうだいがたくさんいた時代には、長男だけが親と同居すればよいので、他のたくさんのきょうだいは遠慮なく自分たちだけの家族を作ることができたのです。ところがきょうだい数が少なくなると、親の面倒を見る責任が多くの子どもにのしかかってきます。結婚後にいったん夫婦とその子どもだけで暮らしていても、親が高齢になったときに面倒を見るきょうだいが少ないため、自分が再び親と同居する、という人が増えたのです。

ここで、「少子化が核家族化の動きを抑制した」と記述することは適正です。しかし「核家族化の動きを抑制するために少子化が引き起こされた」と書くことはできません。

*【読書案内】家族社会学にはいろんな入門書がありますが、イチオシは落合恵美子『21世紀家族へ（第4版）』（有斐閣、二〇一九年）です。やさしい語り口で、しかし戦後の家族の変化についてするどい見方を与えてくれます。

5 副作用

このように、個々の社会制度のなかには確かに何らかの意図を持って作られたものもありますが、それが何か他の活動の前提となり、またその結果として維持されたり変化したりする、というのが社会変化の実態なのです。これは、第一章で述べた「社会のさまざまな部分の絡み合い」によるものです。

もちろん社会はある程度は意図した方向に動くこともあります。しかし仮にそうだとしても、意図せざる結果は常に生じています。先の例だと、戦争を起こそうとした人は確かに存在していて、その意図のとおりに戦争が起きているのです。しかし戦争は、他方で無数の意図せざる結果を生じさせたのです。福祉制度の充実はその一つの例です。*

こういった結果を表すための語彙として、私たちは「副次的結果」「副作用」といった言葉を使います。副次的結果という言葉は中立的な響きがありますが、副作用というとどちらかといえばネガティブな結果を表現することが多いでしょう。風邪薬の服用は意図通りに風邪の症状を緩和しますが、副作用として眠気が生じる、といった言い方をしますね。

*近代における福祉国家の理念のひとつの源流となったのが、イギリスの「ベヴァリッジ報告」

でした。医療保険、年金などの制度の充実を謳ったものですが、これが発表されたのは第二次世界大戦の真っ只中、一九四二年でした。これは国民に対して、戦争が終わった後に誰もが安心して暮らせる福祉国家の姿を示したものでしたが、一般に戦争が生じると、稼ぎ頭である（働き盛りの）男性の障害や死、あるいは職場復帰の困難がもたらされるので、政府が国民の生活の保障をする必要が高まるのです。

メキシコの運転禁止による意図せざる結果とは

他方で、「意図せざる結果」というと、私たちはどちらかといえば「裏目に出る」ような事態を思い浮かべるでしょう。裏目に出るというのは、当初の目的は達成されるが副作用も生じるというのではなく、当初の目的がそもそも達成されない、といった意味です。第一章で中国の「大躍進政策」の事例を出しましたが、もう一つ有名な例を挙げましょう。

それは、メキシコの首都、メキシコシティの自動車の排気ガスによる大気汚染問題です。* メキシコシティは、北京やデリーと並んで世界で有数の大気汚染都市とされていますが、汚染問題を緩和するために、車のナンバープレートの最後の数字によって、運転が禁止される曜日が決められました。「1と2は木曜日に運転できない」といった規制によって、一週間に一日は運転できない日を定めたのです。

ただ、事後的な調査分析を行ったカリフォルニア大学バークレー校のルーカス・デイビス博士によれば、このプログラムが大気汚染を減らしたという証拠はないそうです。理由として考えられるのは、特定の車に乗ることを禁じられた人が、バスやタクシーといった別の（やはり排ガスを出す）公共交通機関を使ったり、家族・親類の車を使ったり、もう一台車を買ったりして対応していたことです。もしかすると、型の古い（排ガス規制が緩い）中古車が売れることで、逆効果になっている可能性さえあります。

＊Car ban fails to curb air pollution in Mexico City (https://www.bbc.com/news/science-environment-38840076).

日本での様々な意図せざる結果

日本において「裏目に出た」ことの有名な例が、非正規雇用の雇用を安定させようという意図で行われた労働契約法の改正です。二〇一三年四月に施行された改正労働契約法の「無期労働契約への転換」というルールにおいては、「有期労働契約が繰り返し更新されて通算五年を超えたときは、労働者の申込みにより、期間の定めのない労働契約（無期労働契約）に転換できる」と決められました。しかし、その結果、多くの企業は、契約労働者が無期雇用に転換しないように、権利が発生する前に「雇い止め」をしたのです。あるいは、希望通り無期転換を受け入れたものの、いわゆる正社員とは待遇も賃金も全く異なる無期雇用の限定職に流し込まれてしまった、というケースも目立ちます。

最後にもう一つ、今度は研究の世界で「裏目に出た」ケースを紹介しましょう。たびたび日本人によるノーベル賞の受賞のニュースで日本が沸き立ちますが、この傾向は長く続かない、と警鐘を鳴らす研究者は少なくありません。ノーベル賞のうち、特に自然科学分野で与えられる賞では、研究成果が比較的長い時間をかけて世の中をいい方向に変えたかどうかが重要な評価基準に入ってきます。青色ＬＥＤ（発光ダイオード）の発明がいい例ですね。日本人三名が青色ＬＥＤの発明に対する貢献でノーベル物理学賞を受賞したのは二〇一四年ですが、そのもととなる研究成果は主に一九九〇年代に発表されたものです。二〇〇〇年代以降、日本人の科学分野での影響力は低下傾向が止まりません。これは先進国の傾向としては非常に珍しい動きです。一部の報告*では、（二〇一二年時点で）「人口あたり論文数は停滞し、先進国で最も少ない」といった衝撃的な統計が示されたほどです。

その背景には、日本の製造業の衰退による研究投資の減少などさまざまな要因が指摘されていますが、原因の一つとしてしばしば指摘されるのが、政府（文部科学省）による「選択と集中」政策です。選択と集中とは、「研究力を上げる」という目的（意図）のもとで、限られた研究資金を特に優れた成果が見込まれる研究分野や研究グループに提供しよう、という方針のことです。これだけ聞くと、「その方針の何が悪いのか」と思う人も多いでしょう。ただ、今のところ目立った成果はありませんし、世界で日本だけマイナス方向に動いていることをみれば、裏目に出ている可能性は否定できません。

選択と集中政策がうまく行っていない理由は定かではありませんが、「優れた研究かどうかは事後的にわかるもので、事前にはわかりにくいこと」「競争的な資金を得るために、研究者が多大な時間を研究費の申請作業にかけなければならなくなったこと」などがしばしば挙げられています。

以上のような、わかりやすく裏目に出たというケースは、「意図した結果が得られずに意図せざる結果が生じた」ものだといえます。こういう例は、注目を集めがちです。意図した結果が得られないからでしょう。他方で、さきほどの女性の労働力参加（職場進出）の例だと、戦争という意図した結果の副次的結果として生じているので、多くの場合、社会の記述から見落とされてしまいがちです。

＊政策研究所研究報告書「運営費交付金削減による国立大学への影響・評価に関する研究」
https://www.janu.jp/news/whatsnew/2014-seisakukenkyujo-uneihi.html

6　陰謀論を生み出す欲望

もし社会が明確で体系的な「目的と手段の関係」で構成されているのならば——たとえば女性の職場進出という目的のために、手段として法律を制定する——、要因間の関連はすべて意図されたものであり、意図せざる結果は生じない、ということになります。こういった場合、その関係に緩さはなく、きっちりとしたものになります。意図した結果を阻むものがあるとすれば、それをよしとしない価値観を持つ人の別の意図による、ということになります。つまり、女性の職場進出を進めようとする立場と、それを阻もうとする立場の対立です。

この世にたくさんある陰謀史観あるいは陰謀論というのは、このような「目的と手段の緩みのない関係」の世界を想定しています。何か悪いことが生じたときに、「なんだかよくわからないけどこういう結果が生じた」と考えるのではなく、その結果を引き起こそうという明確な意図をもって行動した者が必ず背後にいる、と考えるのです。映画ではしばしば陰謀論が登場しますが、それは陰謀論と善悪二元論の相性が良くて、物語の題材にしやすいからでしょう。

映画『カプリコン・1』（一九七七年、監督ピーター・ハイアムズ）では、「NASAが有人火星探査を行ったと発表したが、それが実は捏造《ねつぞう》だった」というストーリーが展開されます。この映画は、アメリカで根強い「アポロ計画陰謀論」を題材としています。アポロ計画陰謀論とは、一九六九年にアメリカが達成した人類の月面着陸が実は捏造だった、月面着陸に成功していないのにアメリカ政府がそのようにみせかけた、というも

『カプリコン・1』の映画のポスター。有人探査船火星着陸の様子がスタジオで撮影されています。

のです。

ここで興味深いのは、陰謀論がある種の緩みのない世界、つまり強い力を持つ人や集団の存在が、その力によって特定の意図した結果を、誰にも気づかれずに導こうとする世界を想定しているのに対して、実際には「陰謀」を実に多くの人が活発に語り合っていることです。アポロ計画陰謀論については、非常に多くの書籍やテレビ特番がこれを題材として取り上げてきました。日本でも、どこまで本気かはわかりませんが、多くの有名人が陰謀説を支持する、と表明しています。陰謀を主導した者が本当に力を持っているのなら、そもそも陰謀論の語りも目立たなくなるはずです。そういう意味では、陰謀論が活発であること自体が陰謀論自身への反証にもなっているのです。

快楽を与えがちな陰謀論

陰謀論が「ハリウッド受け」するということは、それが人々のある種の快楽に訴えるところがあるのでしょう。アドルフ・ヒトラーが人種差別政策を展開する上で「シオン長老の議定書*」から影響されたといわれていることからもわかるとおり、陰謀論は政治の世界で深刻な影響力を持つことがあります。ヒトラー率いるナチ党の政策が、その残虐性にもかかわらず一定の共感を得てしまったことの背景には、人々が陰謀論に惹《ひ》かれやすいという事実もあるはずです。

*「シオン長老の議定書」というのは、一九〇〇年前後にロシア語で出回った偽書（捏造文書）で、その内容はユダヤ人の世界支配についての陰謀論でした。

また、オックスフォード大学の政治学者ジェイムズ・ティリーは、「Why so many people believe conspiracy theories（なぜ多くの人が陰謀論を信じているのか）」というBBCへの寄稿記事*のなかで、人々が何らかの悪い結果をすぐに政治家のせいにする、そしてそれは「政治の日常 everyday politics だ」と論じています。そこでは、一九一六年にアメリカのニュージャージー州で次々に人がサメに襲われた、という事件をあげ、なんとこの地域で、当時の大統領ウッドロウ・ウィルソンの支持率が下がってしまったという例が出されています。

*https://www.bbc.com/news/world-47144738。ハリウッド映画『ジョーズ』の原案は、この一連のサメ襲撃事件です。

7 意図と結果の緩みのない関係

陰謀論の魅力とは、「人々が知らない何か（人や集団）が結果を左右している、あるいは世界を動かしている」ということを暴露することにあります。「知らないこと」が結果に影響しているという点では、本章で説明している構造化理論と一緒に聞こえますが、内実は全く逆です。陰謀論では、世界を動かしているのはあくまで誰か（たとえばユダヤ人、ロスチャイルド家、大統領、ＮＡＳＡ）の「隠された意図」なのです。

ですから、陰謀論が想定する意図と結果のつながりを明らかにするのは、隠された情報へのアクセスとその暴露です。映画『カプリコン・1』では、ＮＡＳＡの有人火星探査の捏造という陰謀を暴き出したのは科学者ではなく、ジャーナリストでした。権力を持つ者が策謀し、権力に抗う存在の象徴であるジャーナリストがそれを暴く、という構図です。

地球温暖化も陰謀論？

ただ、陰謀論は「政治家対ジャーナリスト」以外のいろんな構図でも見られます。「地球温暖化陰謀論」がその例です。このケースではしばしば、政治家が科学者集団の陰謀を疑います。アメリカ、オクラホマ選出の上院議員ジェイムズ・インホフは二〇〇三年、「The Science of Climate Change（気候変動の科学）」と題されるスピーチのなかで、地球温暖化陰謀論をぶちまけ、話題になりました。インホフは、二〇一〇年二月にアメリカ東部を襲った大寒波でワシントンＤＣが大雪に埋もれたとき、家族と一緒に連邦議会議事堂前に雪のかまくらを作り、そこに「アル・ゴアの新居」という看板を掲げたり、*二〇一五年に上院の会議に雪玉を持ち込んで温暖化論を揶揄《やゆ》したりなど、精力的な地球温暖化陰謀論者としての行動が目立ちます。

＊説明は不要でしょうが、「ゴアよ、こんな大雪が降っているのにどこが温暖化だ」と言いたかったわけです。CBS news「Conservatives Use “Snowmageddon” to Mock Global Warming」https://www.cbsnews.com/news/conservatives-use-snowmageddon-to-mock-global-warming/。アル・ゴアは、映画化された『不都合な真実』の著者として知られる通り、強力な温暖化抑止論

者です。

二〇一九年段階で、事態はさらに進展しています。なにしろ大統領（ドナルド・トランプ）自身が「地球温暖化はフェイクニュースであり、でっち上げだ」と公言しているのです。そしてこういった政治家の背後には、地球温暖化を不都合だと考える経済組織があるとされています。たとえばシェールガス業界です。シェールガスとは、新しく開発された技術を使い、これまで難しいとされてきた地層から採取できるようになった石油や天然ガスのことです。ただ、水圧破砕法とよばれるこの採掘法は、周囲に深刻な環境破壊をもたらすことが指摘されています。インホフは、地元オクラホマでは水圧破砕による汚染被害はないと発言するなど、業界とのつながりが見え隠れします。もちろん、地球温暖化陰謀論の背後に化石エネルギー業界がいるという主張自体も、ちゃんとチェックすべき事柄であることに変わりはありません。

陰謀論はときに非常に単純化された「図式」を生み出します。アメリカの『マザー・ジョーンズ』という雑誌に掲載された記事では、インホフがハリウッド女優バーブラ・ストライサンドの名前を挙げ、彼女こそが地球温暖化キャンペーンを動かしている張本人だと考えている、と書かれています。[*]雑誌記事なので多少割り引く必要がありますが、インホフのこの発言には陰謀論的なものの考え方がよく現れています。それは、誰か（ここではストライサンド）の意思と結果（地球温暖化という「デマ」の拡散）を直接的に、緩みのないつながりがあるものと考えるのです。

＊Inhofe's Grand Climate Conspiracy Theory: It's All About Barbra Streisand（https://www.motherjones.com/politics/2014/12/james-inhofe-barbra-streisand-climate-change-hoax/ 二〇一四年一二月二日）。確かにストライサンドは、地球温暖化について熱心な活動を行っています。余談ですが、彼女は『カプリコン・1』でNASAの陰謀を暴くジャーナリスト役（主役）を演じたエリオット・グールドの元妻です。グールドが映画のなかで陰謀を暴き、その元妻が現実世界で陰謀の首謀者に仕立てられました。かように陰謀論とそれに関わり合いを持つ（あるいはもたされる人）は、フィクションにも現実にもあふれています。

8　「緩い」ほうが「科学的」？

陰謀論では、権力によって人・組織の意図と結果の強いつながりは隠されていますが、その構図は非常にシンプルでわかりやすいものです。ここに陰謀論が映画でも政治でも人気である理由があります。人々は、わかにくい緩いつながりを地道にがんばって認識し理解するよりは、わかりやすい善悪二元論を好むからです。これはシンプルに合理的な傾向であって、要するに人々は「考えること」「調べること」にかかるめんどうくさい作業をしたくない、つまり「思考にかかるコストを削減したい」わけです。もちろん、社会科学はこのわかりやすい図式から慎重に距離を取るべきです。なにしろ、研究者とはまさにこの思考コストを支払うことが仕事なのですから。

二〇世紀を代表する哲学者の一人、カール・ポパーもしばしば陰謀論の問題を取り上げています。ポパーは、陰謀論的な考え方と社会科学の関係について、次のようにクリアに論じています。

カール・ポパー

ここに述べたことは、社会理論の真の課題は何かという問題に対する手がかりとすることができる。ヒトラーは陰謀をめぐらし、それは失敗した、とわたくしは言った。なぜ失敗したのか。他の人々がヒトラーに対抗して陰謀をはかったためではない。それが失敗したのは、単に、いかなることもまさに意図したその通りには決してならないということが、社会生活に関する驚くべき事柄の一つだからである。……もちろん、われわれはある目標を心に描いて行動する。しかし、これらの目標とは別に、我々の行為の欲せざる結果がつねに生じる。……なぜそのような結果を除くことができないかを説明すること、これが社会理論の主要な課題なのである。*（邦訳二〇〇頁）

このように述べつつ、ポパーは社会科学者に向けて「出来合いの陰謀論で社会科学に接近する人々は、そうすることによって、社会科学の課題が何であるのかを理解する可能性をみずから否定してしまっている」（二〇一頁）という警告を発します。このメッセージは、間違いなく重要なものです。ですが、ここではもう一歩踏み込んでみたいと思います。

＊カール・ポパー『推測と反駁』（藤本隆志他訳、法政大学出版局、一九八〇年）

思いがけない副作用は常に起きる可能性がある

ポパーが先程の引用で指摘しているのは、意図せざる結果のうち、意図を貫徹できなかったパターンです。少し前のところで、日本の雇用安定化や研究における「選択と集中」の例で説明したものですね。しかしすでに述べたとおり、むしろ見えにくいのは「意図は達成されているが、副次的結果が見通しにくい」パターンでしょう。私たちは無数の制度・構造が絡み合っている社会という環境に投げ込まれていますから、思いもかけない出来事は常に発生します。私たちはその絡み合いのほんの一部しか認識できません。意図と構造の関係は、直接的なものではありえず、緩みのある関係で結ばれています。

そのため、社会を説明する理論も、ある程度緩みを含みこんだものであったほうが、説明力が高くなることがあるのです。ギデンズの構造化理論はそういった理論の一つです。

逆説的に聞こえますが、こと社会的現象や社会変化についていえば、一定の緩みをその中に含みこんでいる知見の方が、全体としては適切な説明を与えることがあるのです。

それは、一つには、結果の原因として誰かあるいは何らかの組織の意図を必ずしも想定しないからです。構造化理論では、世界を動かす要因として意図以外のものを強調します。誰も、女性の職場進出を促すために戦争を起こしたわけではありません。この世の誰も意識していないようなつながりの連鎖で、社会は動いています。

意図せざる結果が紡ぎ出す関連性を暴き出すのは、ジャーナリストが陰謀論を暴くよりも、ある意味でもっと大変な仕事です。たいへんなわりに、陰謀論を暴くよりもずっと地味な作業です。しかし間違いなくこの作業は重要なのであって、決して軽視してはならないのです。

第四章　なぜ社会は複雑になったのか

1　社会の規模

第一章で、「なぜ自分たちで作り上げた社会のことが私たち自身でもよくわからないのか」という問いを立てて、三つの答えを出しておきました。ひとつは社会の各部門が**専門化**していること。次に、無数の専門的なシステムが**絡み合っている**こと。最後に、そのような社会の中身が**絶えず変化**していること。これらのために、社会は非常に見渡しづらいものになっているのです。

この「見渡しづらさ」は、現代社会ではむしろ拡大しているという見方もできます。その理由は、現代社会においては、社会全体の「規模」と「厚み」がかつてないほど大きなものになっているからです。社会が比較的小規模で厚みがないものであれば、自然災害（例：洪水）や自然環境変化（例：氷河期）等で人間の生活が影響されることはあるでしょうが、人間が作った社会環境自体が意図せざる結果を生み出すことはあまりないでしょう。しかし社会全体の規模と厚みが大きくなると話は異なります。

まずは規模についてお話ししましょう。社会の規模とは、社会の空間的な広がりを意味しています。すなわち、影響を及ぼし合う要素の空間的な範囲だと考えておきましょう。いまではこの範囲は世界全体に広がっています。そう、グローバル化です。

もちろん、世界的な影響関係には、長い歴史があります。西洋世界における資本主義と帝国主義の発達は、生産のための資源獲得、生産物の売り込み先の市場、安価な労働力の調達などの目的で、世界中に植民地化と市場開放の動きをもたらしました。この圧力は、欧米から遠く離れた日本の徳川幕藩体制に影響し、結果的に日本社会の構造を大きく変えました。

そしてもちろんこれは意図せざる結果です。日本社会を変えるために、西洋諸国で帝国主義が進展したわけではありません。確かに鎖国状態であった日本を開国させて通商圏に組み入れようという意図は列強諸国にはあって、その意図はある程度そのまま達成されました。他方で、日本が列強の一角であったロシアを戦争で破るほど国力を増すということは予想外の結果であったはずです。

ただ、このような遠隔的な影響関係は、通信手段の発達や国境を超えたモノとカネの流れが進むに連れて、さらに密接になっています。二〇〇八年からはじまった世界同時不況の影響で、その後しばらく日本では若年層の就職率が大幅に悪化しました。これもグローバルな世界のつながりが引き起こす意図しない影響関係の一つです。

2　社会の厚み

さきほど、社会全体の「厚み」という言葉を使いました。「規模」が空間的な大きさを表すとすれば、「厚み」は時間的な長さです。制度は、泥が長い時間をかけて堆積して地層を作るように、社会の中に沈殿し、しばしば形骸化していきます。そして、なぜ**こんな規則があるのか、なぜこんな習慣があるのか、誰にも説明できないような制度がたくさん積み重なっていく**のです。ただ、いったん多くの人がその制度に従って行動するようになっていくと、無駄だとわかってなくそうとしてもそういかなくなるものです。

パソコンのキーボードが良い例でしょう。現在の標準的な英数キーボード（アルファベット）の配置はＱＷＥＲＴＹ方式といって、この並びが開発された当時のタイプライターの使用において都合の良い配列になっています。しかし今となっては、入力に最適なキー配列であるとはいえません。それでもこの方式が残っているのは、まさにこの配列が制度化されていて、たくさんの人がそれに習熟してしまっているからです。

日本の狭い道路もそうです。街を最初から作り直すことができるならば、もっと効率的で安全な都市設計が可能でしょうが、土地や建物はまさに過去からの沈殿物で、実際にそれによって現在の人々の生活が動いている以上、それを中断してまで作り直すというのは難しいのです。

こういった時間の経過とともに沈殿した制度が無数に折り重なっている上に、私たちの生活があります。これを社会科学の用語で、「経路依存性」といいます。遠く離れた場所の出来事が生活に影響するのと同じように、以前に作られた制度は、しばしば理不尽なかたちでその後の時代の人々の生活に影響します。冷戦が終わり、一九九〇年に西ドイツと東ドイツが再統合されたとき、両国で使われていた貨幣（マルク）の交換レートが1：1に設定されました。* これは貨幣価値に即した交換レートではなく、本来ならば西ドイツマルクのほうが価値が高いものでしたが、さまざまな政治的判断で交換レートが1：1にされたのです。詳しい経緯は省きますが、この結果、統一後の旧東ドイツ地域の経済は破綻に追いやられ、これに巻き込まれた旧西ドイツ圏を含め、ドイツは長い不況に苦しむことになるのです。

＊統一にあたっての条約（「ドイツ連邦共和国とドイツ民主共和国のあいだでの通貨・経済・社会同盟の創設に関する国家条約」）には、次のように書かれています。「賃金、俸給、奨学金、年金、家賃、用役賃貸料については1対1の等価交換とされる。その他すべての債権・債務については、原則として2東独マルクに対して1西独マルクで交換される」。

メディアによって厚みと広がりは増していく

社会が厚みと広がりを持つためには、実は広い意味での「メディア」、つまり時間と空間を超えるための技術が必要です。文字や紙は時間と空間を超えて制度を持続・浸透させます。各種の測量手段も同じです。統一的な時間と暦の制度、距離や重さの測量基準などは、まさに世界の縦（時間）と横（空間）のつながりの広さを決めるものです。

メディアは、表面的に理解すれば、空間的・時間的に離れた出来事を見通しやすくする、つまり社会の見通しを良くする機能を持つと考えられています。すでに触れたように、私たちは社会を不完全ながら観察・理解し、さらにその知識を広げることができます。そのためには、メディア技術、たとえば書籍を印刷し普及させる技術や、報道を広く拡散させる技術（テレビ放送など）が必要になります。しかし他方で、メディアは社会全体を空間的・時間的に拡大させることを通じて、制度の絡み合いの規模と沈殿の厚みを増すという働きを持ちます。このため、社会はより複雑でわかりにくくなるのです。

この章では、社会の変化について、もう少し具体的に説明することにしましょう。その際、有名な社会学者がその変化をどのように理解しているのかについても、適宜触れていきます。

3　近代化

社会の複雑さは、近代化以降より度合いを増してきました。とはいえ、そもそも近代化とは何なのでしょうか？　社会学では、国家単位で産業化や都市化が進むことを近代化と呼ぶことが多いようです。

では産業化とは何か。それは、比較的大きな資本で、大規模に生産をする組織がたくさん出現することです。資本とは生産の元手となるお金や、それを使って建てる施設（工場やオフィス）のことです。資本規模が小さな産業は、近代化以前からたくさんありました。商店や工房などです。江戸期には、多数の奉公人（雇用された労働者）を抱えた比較的規模の大きな商店もありました。しかしこれらは、現在のデパートや流通企業の規模の大きさとは比べようもありません。

資本規模の差は、現代の社会の中でもあります。商店街とは、資本の小さな商店がたくさん集まってできた街のことです。これに対してスーパーマーケットやショッピングモールなどは、大きな資本を使って巨大な建物を作り、そこで商売をしています。商店街のなかには、組合を作って何らかの企画・運営を行うものもありますが、モールのように一つの大資本が経営しているものではありません。工場にしても、自宅の敷地内に手機織り機を設置して織物を作るのと、大規模な工場に機械を設置して織物を作るのとでは、資本の大きささが違います。*

＊もう少し厳密に言うと、かつては規模の大きな事業は国（王権）か、それと癒着した会社（いわゆる勅許会社）のものでした。ヨーロッパでは、東インド会社やハドソン湾会社など、近代以前から存在した会社が有名です。本章のあとの方で「物理学者のニュートンが株で大損をした」という話が出てきますが、その株の会社（南海会社）も勅許会社です。これに対して、政府から独立した民間企業が大規模な展開をしたのが、近代的な資本主義社会の一つの特徴です。ただ、政府と企業の独立関係は、現在はグローバル化で再び変化しつつある（癒着しつつある）という見方もあります。このことが世界の複雑さに拍車をかけている可能性があるのですが、本書の範囲を超えますので、論じません。

資本が大きくなると分業も進む

生産の資本規模が大きくなると、人々の間の分業がますます進みます。工場で機械を操作する人、会社の会計を担当する人、ますます複雑化する法律の専門知識を持つ人（会社の法務部門や弁護士）、等々です。こういった多様な仕事をする人々は、一つの会社組織のなかに所属することもありますし、その外で独立して仕事をすることもあります。いずれにしろ産業化以降、職業の多様性は爆発的に広がります。

工場労働者と区別して、一定の規則のもとで事務的な作業を行う組織を、社会学では官僚制組織といいます。「官僚」というと、日本では霞が関の官公庁に勤める国家公務員が思い浮かべられるかもしれませんが、ここではさしあたり、官僚制組織とは「デスクワーク（事務的な仕事）をする人の集まり」だと考えてください。こういった人たちはたいてい都市部に住むようになりますから、産業化は都市化を加速します。

一九世紀からイギリスとフランス、少し遅れてアメリカやドイツ、そして日本で大資本化、官僚制化、都市化が進みます。人々の働く場所も、自宅あるいはその近くから、会社や工場に移っていきます。仕事のために自宅から離れた場所に通うこと、つまり「通勤」が一般化するのです。

4 分業による連帯

このような変化は、かなり急激なものでした。一人の人間の一生のうちに、どんどん工場が建ち、都市は急拡大し、なんだかよくわからないことを仕事にしている人が増えるし、景気が良くなれば外国から大量の移民労働者が入って来るし、景気が悪くなればとたんに失業者や貧困者が街にあふれます。このような変化と複雑さのなかでは、これまでの社会認識は通用しません。

社会学は、このような変化が激しい社会環境のなかで学問分野として確立していきました。社会学の古典となる学者といえば、フランスのエミール・デュルケムとドイツのマックス・ウェーバーです。デュルケムが主著の『社会分業論』を出版したのは一八九三年です。フランスは一八七〇年代くらいにひととおり産業革命を達成し、一九世紀末というのはそのあとの社会変動の時代でした。ウェーバーがフライブルク大学教授就任時に「国民国家と経済政策」という演説で物議をかもしたのも、同時期の一八九五年でした。ドイツもこの時期、自動車産業などの機械工業が発展しつつありました。

デュルケムもウェーバーも、近代化という社会の変化に対して、それをなんとか理解し、また解決しようとしました。まずはデュルケムの理解の仕方を見ていきましょう。

「逆に考えた」デュルケム

デュルケムは、近代社会の特徴をそのものずばり、「分業」のあり方に求めました。すでに職業の多様性については触れましたが、特に都市部にはいろんな職業の人が存在しています。ある職業の人は自分の専門についてはよく知っているものの、他の職業のことについてはよく知りません。いまではこの事実を私たちは自然と受け止めていますが、近代的な職業分化が急激に進んだ一九世紀後半の社会に生きた人々にとっては、一種の驚きであったでしょう。

デュルケムにとって、複雑な分業は何よりも人々の間に連帯の問題を引き起こすものでした。同じような仕事をしている人たちの集団であれば、お互いに理解できますから、連帯意識、あるいは一種の仲間意識を持つことも容易でしょう。ところが、異なった仕事をしていて価値観も異なるような人たちがたくさん出てくると話は違います。

ここでデュルケムは、今風に言うと「逆に考える」ことにしました。つまり、異なった人たちが分業しな

エミール・デュルケム

がらも協力し合うことこそが、近代社会における連帯の正常なあり方だ、と論じたのです。お互いがやっていることは理解はできないが、分業という協力体制があるのだから、お互いを尊重できるはずだ、と考えたわけです。分業がきちんと機能している限り、異なった人々がいることは、マイナスどころかプラスに働きます。

デュルケムは、「分業は『社会』そのものの存在条件である」とまで述べています。言ってみれば、「違っているから理解できないし、連帯もできない」という考え方を、「違っているからこそ協力・連帯できる」という考え方に転換したわけです。

5　分業をめぐる壮大な意図せざる結果

もちろんデュルケムも分業について楽観的な見方をしていたわけではありません。むしろデュルケムは、当時支配的だった分業についての楽観論に対して批判的だったのです。一七七六年にイギリスの経済学者アダム・スミスが『国富論』を発表し、それ以降分業が生産力を拡大させるポテンシャルについて肯定的にとらえる見方が世界に広がっていきました。デュルケムの『社会分業論』はその一〇〇年以上もあとに発表されたものです。その間に、市場経済や資本主義経済の問題点が誰の目にも見えるようになってきていました。たびたび訪れる経済恐慌と、貧富の格差の拡大が主な問題点です。

市場経済と資本主義経済は、しばしば同じような意味合いで語られることがありますが、分けて考えるとよい場合もあります。資本というのは、経済活動によって得られた利益が、消費されるのではなく、さらなる利益を追求する目的で投資されることを意味しています。そしてそういった資本が個人あるいは企業によって私有されていることも特徴です。これに対して市場というのは、ある程度自動的に資源を効率的に配分してくれるために人類が発達させた優れた制度です。言語や貨幣と並ぶ、大発明品と言ってもいいでしょう。

計画経済で分業の問題は解決するのか

分業の最大の問題は、「作りすぎ」や「品不足」です。人々が自分たちの専門スキルを生かして働くだけだと、必要のないものまで作りすぎてしまったり、ほんらい必要とする人のところにうまく製品が届かないことも生じえます。これを誰かが上から眺めて生産量を調整しようという発想が、社会主義計画経済です。市場経済ではこれに対して、価格というシンプルな指標によって需要と供給のマッチングを図ろうとするわけです。すなわち、売れすぎて品不足のものは価格が高くなるから増産が促され、売れなくて余り気味のものは価格が下がるから減産されるのです。

現在では社会主義計画経済をある程度実行できている国は、北朝鮮などを除き、ほとんど存在しません。しかし二〇世紀にはたくさんありました。一九一七年のロシア革命をきっかけに作られたソビエト連邦、この革命の影響で社会主義化したユーゴスラビアなどの東欧諸国、中華人民共和国などが代表的です。これらの国では、とうぜん分業がある程度発達していましたが、そこでの生産や分配を、市場による調整に任せるのではなく、計画的に行うことによって生産性をあげようとしたわけです。

社会主義体制にはもうひとつの特徴があります。社会主義の国では政府が生産計画を企業に対して義務化するのですが、その際の資本は原則国有化されていました。つまり、資本主義の国のように個人が私的に所有するお金を使って勝手に企業を作ることができなかったのです。なぜこうなったのかというと、一九世紀の半ばあたりから活躍したカール・マルクスという経済学者が、「貧富の格差は資本を所有しているかどうかで決まる」と主張して以降、この考え方が世界中に広がっていったからです。簡単に言うと、自分の手元の資本を使って工場やオフィスを建てて経営も行う資本家と、そういった手段を持たない単なる労働者だと、前者のほうが立場が強いので、生産による儲《もう》け(余剰)をどんどん自分のものにしてしまう、ということです。

ただ、実際の社会主義体制の国で、これらの問題が克服されることはありませんでした。「計画経済にすれば市場経済よりも効率的になる」「資本を国有化すれば平等になる」というのは、まさに意図する結果です。しかし、結果から言えば、この意図は全く達成されていないか、あるいはある程度達成できたとしても、莫大《ばくだい》な副作用が社会を悩ますことになりました。このため、ほとんどの社会主義の国は、ロシアのように社会主義を捨ててしまうか、あるいは中国のようにそれを大幅に修正してしまいました。社会主義というのは、拡大する分業と資本がもたらす問題を解決しようという意図を込めた二〇世紀の人類の壮大な実験であり、また壮大な「意図せざる結果」を生み出した運動でもありました。

6　保守主義と理性の限界

まだ社会主義の国が元気であった時期から、計画経済がうまくいかないだろうと主張していた経済学者がいます。フリードリヒ・ハイエクです。

ハイエクの主張は経済を超えて政治の分野にも及んでおり、本書で解説することは手に余るのですが、ひとつだけとりあげましょう。ハイエクの思想の根本にあるのは、理性や合理主義に対する懐疑です。つまり、誰か非常に頭脳明晰《めいせき》な人がいて、その人が社会を理想的なかたちに変えていけるだろうという考え方は、幻想に過ぎない、というわけです。

ハイエクの有名な概念に「自生的秩序」があります。自生的秩序というのは、誰かが意図的に設計して作ったものではなく、人々の行為が折り重なって沈殿して、その結果自然発生的にできあがった秩序のことです。ハイエクにとっては、市場は自生的秩序でした。自生的な秩序を意図的な構築物に置き換えることはできないし、無理にそうすれば莫大な副作用が生じる、と考えたわけです。

この考え方は、意図と結果との直接のつながりを想定することの危うさを「陰謀論」の問題として説いたポパー（第三章に登場しました）に通じますね。実際ポパーとハイエクは思想的に近い立場にありますし、人間関係も親密だったそうです。

急激な社会変化に懐疑的な保守主義

意図や理性に対して距離を置く考え方のことを、保守主義といいます。保守主義という言葉は現在では「特定の（たいていは古い）価値観や生き方を他の人にも押し付ける人」といった意味合いで使われることが多いのですが、もともとのニュアンスは少し異なりました。それは、何か急激な社会変化を何らかの意図のもとで引き起こす動きが生じたとき、それに対して否定的・懐疑的な立場をとることを言いました*。フランス革命、社会主義革命がまさにその例ですね。フランス革命のとき、それに批判的な立場をとった有名な保守主義者がエドマンド・バークで

フリードリヒ・ハイエク

す。社会主義に批判的な保守主義者の代表が、さきほどのハイエクです。

このように保守主義とは、理性的な思考がすべてを説明するという立場に対して懐疑的であり、したがって急激な社会変化がもたらすマイナスの側面を強調する立場であると言えます。いまでは保守主義の意味がだいぶ変わってしまいましたし、このもともとの意味での保守主義の立場に立つ思想家は目立たないのですが、あえていえばギデンズがそうでしょう。このことについては、一番最後の章でまた触れましょう。

＊**【読書案内】** 保守主義については、宇野重規『保守主義とは何か』（中公新書、二〇一六年）が格好の入門書になります。エドマンド・バークの『フランス革命の省察』（半澤孝麿訳、みすず書房、一九九七年）は一七九〇年に出版され、それ以降しばらく「保守主義のバイブル」の扱いを受けました。二〇世紀半ばからは、バイブルの位置はハイエクの『隷属への道』に取って代わられました。一九四四年に出版された『隷属への道』は、資本主義市場経済の国でベストセラーになり、大きな影響力を持ちました。なお、フランス革命後の社会混乱、意図せざる結果の噴出が社会学誕生の一つのきっかけとなったという見方は、奥村隆『社会学の歴史Ⅰ』（有斐閣、二〇一四年）にも書かれています。

7　思い通りにならない経済

さきほど、産業化（大資本による生産の拡大）と市場経済の発達が引きおこす意図せざる結果（恐慌・失業や格差）への対応として意図的に画策された社会主義という変革が、これまた意図せざる結果として失敗に見舞われたという話をしました。

では資本主義・市場経済の国々はうまくいったのかというと、なかなかそうは行きませんでした。不況とそれに伴う失業、そして格差の問題はやはり解決できていません。デュルケムが分業による連帯意識の形成に期待したことはすでに述べました。しかし仕事も稼ぎもない人は、そもそも分業の輪の中に入れません。失業者の生活を政府が税金を使って面倒を見る場合、分業の輪の中に入っている人たちは、自分たちの税金がなぜ分業で連帯していない人に使われるのか、という不満を持つでしょう。少なくとも市場を介した分業においては、連帯の輪は仕事を持っている人あるいはその家族の外には広がっていきません。分業を介した連帯の幅は、非常に狭いものにならざるをえません。*

*第二章の読書案内で紹介した筒井・前田『社会学入門』の第三章「働く」では、二〇一五年時

点で、日本で「働いて稼ぎを得ていない人」が一〇人中四人ほどいる、という話をしています。主に子ども、お年寄り、専業主婦の人たちですね。「働いて稼ぎを得ていない」人の割合は国によって異なりますが、経済先進国では日本はほぼ中間くらいです。

失業はまさに、市場経済の意図せざる結果です。市場に参加する誰もがそれを願っていなくとも、不況や失業は発生するのです。デュルケムの社会分業論には、分業や市場がうまくいく条件についての理論的考察がありません。この点については経済学、特に二〇世紀の初頭以降にジョン・メイナード・ケインズによって発展したマクロ経済学が知見を蓄積させてきましたが、それでも私たちは、いまでも不況や失業を克服できているわけではありません。

すでに述べてきたように、ある国の経済システムはその他の国のそれと緩くつながっていて、そこから思いもかけないような影響を受けてしまいます。これは、社会全体の規模の大きさのせいです。二〇一〇年に発生した欧州経済危機は、ギリシャ政府の財政赤字の隠蔽、EUという政治経済の制度の設計のあり方などが複雑に絡み合って生じました。この危機を事後的に説明することはある程度可能ですが、もちろんこの危機は誰かが意図的に発生させたものではないですし、経済危機の発生を事前に予測できた人もほとんどいませんでした。

資本の規模が大きくなりすぎることの問題もあります。大規模な工場やオフィス、ショッピングモールなどがたくさんできると、もしそこから生み出されるサービスや製品の需要が小さくなってしまったとき、どうしても投資した資本が無駄になってしまう部分が出てきます。これはいってみれば経済における「過去のしがらみ」のようなものです。高画質テレビのような高品質な製品を大量に作り出すためには、莫大な研究開発費と設備投資が必要です。しかしいったん大金を注ぎ込んで投資しても、ようやく製品が出荷できるというその段階で、製品の需要がなくなってしまうことだってありえます。人々が何を欲しているのかを、将来まで予測することは極めて困難です。

資本も分散化するようになる

実は、市場の運営については、経済学者の奮闘のおかげもあって、かなり改善されてきたところがあります。[*] しかしお金や資本の問題になるとやっかいです。社会主義革命が広がり始めた一九四〇年代においては、すでに資本のかたちは大きく変わっていました。つまり、一握りの大金持ちがたくさんの大きな会社を所有・経営しているというよりも、たくさんの株主たちが分散して会社を所有し、経営は経営の専門家に任せるという形態が広がっていたのです。

これを「経営と所有の分離」といいますが、これも「意図せざる結果」のひとつです。研究者がこの変化に気づいたのは、すでに分離が進んでいた段階でした。この結果、資本を持たない労働者でも、稼ぎ次第では株を買って小さな資本家になれるようになったのです。また、これ以降、誰がどのように会社を動かしているのか（株主か経営者か）という問いがしばしば問題になるようになりました。これをコーポレート・ガバナンス問題といいます。こんな問題が生じてくるとは、資本家による利益の独占を批判していた以前の社会主義経済学者はとても思いつくことができなかったでしょう。

分業の話から、少し多めに経済の話をしてきました。ただここで重要なのは、まさに**近代化以降、わたしたちは意図せざる結果に絶えず直面してきたのだ**、ということです。

***【読書案内】** 他ならぬ経済学者たちは、市場がうまくいくときといかないときの条件について、

極めて厚みのある考察を展開してきました。飯田泰之『ゼロから学ぶ経済政策』（角川書店、二〇一〇年）などが簡潔にまとまっています。

デュケムによる処方箋

デュルケムの話に戻ると、彼自身も分業の意図せざる結果についていくつか注意を促しています。デュルケムが活躍した時代には、資本主義の様々な問題が目立ってきてはいたものの、分業に関してはまだ楽観的な見方が支配的でした。しかしデュルケムはすでに警鐘を鳴らします。

デュルケムは、「分業は、正常的には社会的連帯をつくりだすが、正反対の帰結をもたらすこともある」*（訳書下、一九五頁）と述べています。まさに分業の意図せざる結果です。デュルケムが挙げているのは、「恐慌や破産」、「労働と資本の敵対」、そして「たこつぼ化」です。三つ目は、この本で何度か指摘している専門化の弊害ですね。

デュルケム自身は専門化の問題に対して、なかなか秀逸な処方箋を提案しています。デュルケムは、他者を理解し、尊重することを阻害する分業は「無規制的分業」であるとして、これは相互に依存する生産者どうしの接触が小さくなるところで生じる、と考えました。したがって「各専門的機関の活動では、正常的には、個人がここに狭く閉じこもることではなく、個人が隣接適所機能と絶えず接触を保ち、それらの諸変化に気づくことが必要」だと説きます。そしてそのためには、「彼が社会的視界の甚だ広大な部分を見晴らしている必要はない」（訳書下、二二四頁）というのです。

＊E・デュルケム『社会分業論（上・下）』（井伊玄太郎訳、講談社学術文庫、一九八九年）

8　官僚制

デュルケムが問題だとしていた「たこつぼ化」については、社会学確立期のもうひとりの巨匠、ウェーバーも問題視していました。

ただウェーバーにとって、近代化の問題は分業の問題というよりも、官僚制化の問題でした。産業化に伴って会社の規模も大きくなるし、何よりも国の政府も、以前よりずっと大きくしっかりとしたものになっていきます。そうすると、それこそ無数の規則に基づいて協調的に行動するたくさんの人々の組織ができあがります。この官僚制組織は、機械のように動き続ける枠組み*のようなものです。多岐にわたる部署や社会の部分で活動する専門家は、互いにデュルケムのいう分業関係を構築しますが、やはりお互いの仕事内容についてはよくわかりません。枠組みのなかで行動する分には、ある程度安心して生活することができますので、枠組み自体の意味を問い返したり、殻を破ったりすることを、みんなあえてしなくなってしまうかもしれません。ウェーバーはこういう、殻の中で惰性的に暮らす人たちのことを「精神なき専門人」と呼びました。

ウェーバーが、官僚制のなかで活動する専門家のことを「精神なき専門人」と呼んで揶揄《やゆ》したのは、彼の主著『プロテスタンティズムの倫理と資本主義の精神』の最後の部分でした。この本が出版されたのは一九〇四年です。今では、そこからすでに一〇〇年以上の時間が経過しています。ウェーバーの時代と比べると、産業化も専門分化も、もっともっと進みました。ウェーバーが問題にしたのは、自分たちの世界（枠）のなかで自己目的的に行動し、そこから安心と快楽を得る

マックス・ウェーバー

専門家たちの姿でした。ここでいう専門家とは、何も弁護士、会計士、建築士などの専門資格を持った人に限る必要はありません。ふつうの「サラリーマン」でも、その仕事の内容は必ずしも誰にでもすぐできるようなものではないでしょう。そういう意味では、私たちは誰でも多かれ少なかれ「専門家」です。

ところで、そもそも枠の中で惰性的に安心して暮らす専門家の何が問題なのでしょう。おそらく一番の問題は、枠（制度）が変化する時代に対応できなくなったときに、その枠にしがみつく人たち（精神なき専門人）が、変化への対応を邪魔してしまうことにあります。自分たちで作り上げた規則や制度にしばられて臨機応変に行動できない人がたくさんでてくれば、社会全体がまずい方向に行ってしまうこともあるでしょう。

＊ウェーバーは、「Gehäuse（ゲホイゼ、ドイツ語）」という表現を用いています。Gehäuseには、枠、殻、檻《おり》といった意味合いがあります。この言葉は、英語圏の翻訳の影響もあり、しばしば「鉄の檻」と訳されてきましたが、これについては適切な訳ではない、という見解があります。興味があれば、荒川敏彦（2007）「殻（ゲホイゼ）の中に住むものは誰か：「鉄の檻」的ヴェーバー像からの解放」『現代思想』（三五巻一五号：七八〜九七頁）などを参照してください。

9　変わってしまった世界

ただ、むしろ私たち現代人の悩みは、別のところにあるのではないでしょうか。それは、ある規則や方針に対して、それらを疑うことなく素直に従うことが難しい、という問題です。なぜなら、それらが方針として良いものか、正しいものかどうかわからないからです。ウェーバーが想定した「専門人」は、会計なら会計、科学なら科学といった、ある程度自立した枠があって、そのなかで活動する人たちでした。しかし私たちの世界は、相互に影響しあっています。物理学者も、(自分たちではよくわからない)世界動向や金融の世界の影響を受けます。古典物理学の基礎を築いたアイザック・ニュートンも例外ではありません。ニュートンが「南海会社(South Sea Company)」の株で大損をしたという有名な逸話があります。そのときニュートンはこうつぶやいたと言われています。「I could calculate the motions of the heavenly bodies, but not the madness of the people(自分は天体の動きならば計算できるが、人々の狂気については計算できない)」。

「迷える専門人」として生きる

このような影響関係は、もはや分業という概念では説明できません。実際には、**人々は市場交換の範囲を超えたところで互いに影響を及ぼし合っています**。わざわざ株に投資などしていない場合でも、私たちの世界は複雑な影響関係を含んでいるのです。国境を超えた関係でいえば、ある国の内政の失敗に伴う内戦は、難民の移動というかたちで周辺諸国の経済や人々の暮らしに大きく影響します。紛争、気候変動、環境汚染、経済などのケースでこういった影響関係をみることができます。

ニュートンが株で大損したのは、なんと産業革命前の一七二〇年のことでしたが、その後の世界は、より複雑さを増す方向で動いてきました。そのなかにあって市場という制度は、なんとか人々の間の利害の調整機構として機能すべく、めざましく発達してきました。ただそれでも、近代人自慢の市場という仕組みには、多くの限界があります。すでに少し触れましたが、現代の経済学は、むしろこの市場の機能不全についての知識体系であると言っても過言ではないでしょう。

不確かな知識に直面したときにどうしたらいいのか、といった問題についても、市場はあまり役に立ちません。市場は、無数のモノやサービスについて、「価格」というシンプルなものさしを提供し、それによって社会全体の無駄を少なくするという仕組みです。ただ、価格が知識の正しさを常に反映しているのかと言えば、そういうわけではありません。たとえば「がんの予防」に何が役に立つのかについて、市場は大量の情報を人々に提供しますが、「さまざまな知識を正しい順に価格表示」してくれるような機能は備えていません。いかにもあやしい知識でも、ニーズさえあれば流通してしまうことがあります。

私たちは、ある分野では専門家でも、別の世界に行けば素人です。あふれる知識・情報に囲まれて、私たちは常に迷いながら、リスクをとって行動せざるをえません。ウェーバーの「精神なき専門人」という言葉になぞらえて言えば、**私たちはみな「迷える専門人」なのです。**

10　社会変化について考えてみる

この章では、近代化以降の社会の変化を具体的に追いながら、研究者がそれに対してどのような認識をし、どのような立場に立ったのかを説明してきました。意図とそれによって引き起こされた意図された結果、そして意図せざる結果がまざりあい、社会を大きく変えてきたことがわかったと思います。もちろん、ここできちんと触れられなかった社会変化にはそれこそ無数のものがあります。戦争もそうですし、第二次世界大戦後の福祉国家の発展、その後のグローバル化と格差の再拡大などはその一部です。

ここでみなさんにぜひトライしていただきたいことがあります。それは、特定の社会変化を一つ取り上げて、それがどういう経緯でもたらされたのかを調べてみてほしいのです。その際に、「意図と結果」という枠組みを意識しつつも、必ずしもそれにとらわれずに、広い視野で考えてみてください。

日本の働き方と女性活躍について説明してみよう

一つ、「解答例」を挙げましょう。題材は、みなさんにとっても身近な問題である「働き方」と、現在の日本の大きな課題となっている「女性活躍」の関係についてです。すでに女性の職場進出については、それを意図せず促した要因について説明しましたね。ここではその逆です。先に述べておくと、日本の独特の働き方が、女性の職場進出を阻んでいるのですが、このことについて「記述」をしてほしいのです。これは解答例ですから、簡潔に両者の関係について説明しておきましょう。

まずは日本に独特の「働き方」について調べてみると、いくつかのことがわかるはずです。特に大企業によくみられるのですが、まずみなさんがもし大学に進学してそのあと一般企業に就職することを希望しているなら、四年生のとき、早ければ三年生が終わる頃から就職活動をすることになります。企業もたいていの場合、足並みをそろえてリクルート活動をします。そして決まった時期に「内定」を出して、多くの学生は卒業と同時、四月一日に入社式を迎えるのです。これを「新卒一括採用制度」といいます。これは日本や韓国だけに見られる特殊な制度です。

さらに、特に文系学部の卒業生の場合、内定をもらった人は会社に入って具体的にどの部署で、どの場所で、そしてどういう仕事をするのかを知らないことがほとんどです。会社側も同様です。たいていは、一定期間の研修を終えた後で配属先が決まります。就職前に仕事の内容が決まっていないというのも、日本だけに見られる独特の就職のあり方です。ほとんどの国では、特定の仕事（たとえば「経理」）のポストに空きが出たら、その仕事ができる人を募集して、その都度職場に迎え入れるのです。ですから、一年のうちどの時期でも職場の人の入れ替えが発生します。したがって入社式というものもありません。

日本の、特に大企業は、大量の労働力を必要とした高度経済成長期に、働き手を社内に囲い込むという意図で、一旦入社すれば容易には解雇しないという「終身雇用」制度を取り入れていきます。とはいえ、産業が発達すれば必要な人材も変わりますし、景気が悪くなければ人手が余ったりもしますよね。実際、必要な労働力は機械化によって製造現場の労働者からオフィスワーカーに変わっていきますし、エネルギー危機（オイルショック）の時期など、景気が悪くなって仕事が減ってしまうこともありました。

解雇をできるだけ避けつつこの問題を解決する一つの手段として、日本企業が発達させたのが配置転換、転勤、そして柔軟な時間外労働（残業）です。まず、人手が相対的に余っている部署や事業所があれば、そこから相対的に仕事がある部署や事業所に人を異動させます。部署の異動が配置転換、事業所（勤務地）の異動が転勤ですね。さらに、仕事が増えたときに柔軟に対応できるように、時間外労働を社員にさせやすい仕組みが作られています。

これを「内部労働市場」といいます。組織の内部で人材や労働時間をあれこれ調整してやりくりすることで、解雇を抑制しようとすることですね。内部労働市場の反対語は「外部労働市場」で、こちらは諸外国で普及しているやり方です。これは、人手が余れば人を解雇し、人手が必要になれば会社の外部からその都度雇用する、というやり方です。

内部労働市場の意図せざる結果とは？

このように書くと、雇用の安定を意図した日本的な働き方＝内部労働市場も悪いことばかりではないように思えますね。しかしこと女性の職場参加についていえば、よくない影響が強くなります。これがまさに「意図せざる結果」です。

まず、異動が多い分、仕事内容も変わります。ですので、会社としては「会社独自の事情に精通しつつ、いろんな仕事に対応できる柔軟な人材」を要求します。これを「企業特殊的能力」といいます。これが、あまり他の会社で通用する能力にならないことが指摘されています。そのため、いったん結婚や出産のために会社をやめてしまうと、再度正社員として入社することが難しかったり、できたとしてもスタートからやり直しになってしまうのです。欧米で一般的な外部労働市場であれば、「セールスならセールス、経理なら経理」と同じ仕事を続けることで、転職してもいろんな会社で通用する専門技能が身につくのですが、日本ではそれが難しいのです。これが「日本的雇用」が女性に不利である一つ目の理由です。

次に、日本的な働き方はどうしても長時間労働や転勤を要請することが多くなります。これらは、家にいて家のことを率先してやってくれる人（たいていは主婦や主婦パート）の存在を前提にしています。結婚している女性にとってみれば、夫が家のことをしっかりやってくれたり、転勤先についていてきてくれるといったことがないかぎり、長時間労働や転勤に応じることは難しいのです。

意図に引きつけて社会を記述しないために

さあ、どうでしょうか。この例はかなり複雑なものになってしまいましたが、実は社会変化について理解しようとすれば、このくらいの複雑さはむしろ当然です。社会・制度の変化とその説明を行うには、多くの要因に目配せをしながら広い視野で社会を捉えることが必要になるのです。多くの人が経験する身近な出来事でさえ、他国との比較や時代の変化といった「社会の広がり」のなかで理解する必要があります。何度も強調しますが、ある特定の出来事は、ぽっかりと宙に浮いて存在しているのではなく、周囲の社会に埋め込まれているため、さまざまな社会の要素を考慮に入れない限り「理解可能」にならないのです。

適切に社会を記述するためには、「意図（目的）と結果」という枠組みから自由に社会を記述することが重要です。社会記述というのは、ともすればすぐに「意図」に引き寄せられやすいものです。しかし意図に引きつけた記述は、社会の厚みや広がりを考慮しない分、きわめて視野の狭いものになります。

思い出してみましょう。社会とは、「緩い」ものなのでした。ある出来事と別の出来事とが、意外なつながりを持つことがあるのです。次の章では、この「緩いつながり」を記述するための枠組みについて説明していくことにしましょう。

第五章　変化のつかまえ方

1　社会を記述する

この章では、これまでの章と少し趣向を変えて、「社会を記述する」ということについて深めていきたいと思います。この章はどちらかといえば学問の方法に関わるところですので、もし興味がなければ読み飛ばして次の章にすすんでいただいて構いません。次の第六章では、打って変わって「世の中に対する心構え」といった内容になります。

さて、ここで「記述」というのは学術用語で、英語の description の訳です。描写、叙述、といった意味もあります。英語だと、「Describe yourself」というと、「自分を人物描写してみて」「あなたがどんな人なのか言ってみて」といった意味合いになります。

私たちは、「記述」という言葉自体はそれほど日常的には使わないかもしれませんが、生活の中で記述をすることはよくあります。たとえば、体調が悪いのでクリニックに行って診察をうけるときに、私たちは自分の体調やここ最近の生活の様子について医者に説明をします。「昨晩から熱が出て、食欲がありません。二〜三日ほど、仕事が忙しくて……」といった記述をするわけです。それに対して医者は、原因の推測、診断、処方を行うのです。

これと同じようなことを、社会科学分野の研究者も行います。社会がどんな状態にあるのかを記述し、何か問題がありそうならその原因を突き止めようとします。さらに、どんな処方を行えば問題が改善するのかについて提言を行うこともあります。そう、**社会科学研究者というのは、言ってみれば社会についての医者のようなもの**なのです。もちろん具体的な措置を行うのは政治家ですが。

記述と分析の違い

クリニックでは、患者による記述、医者による診断と処方という流れが一般的でしょうが、社会科学において社会を扱う場合、研究者が記述、分析、処方（政策提言）を行うことが普通です。もちろん、研究者ではない人も、社会の記述を行うことがあります。

「最近景気が悪くなってきたねえ」「京都、観光客が多すぎない？」「心に余裕のない人が増えたよね」など、私たちはしばしば社会について推測を交えて記述を行うのです。こういった記述に対して、研究者はより厳密な定義と測定のもとで記述を行おうとします。たとえば、景気を判断するためのさまざまな指標を開発し、それを使って客観的なやり方で測定するのです。ここで「客観的」というのは、誰が測定してもだいたい同じ値になる、といった意味です。

さて、こうして社会を記述することは重要な学問的作業なのですが、一般的には「その先」の方が重要だと考えられています。その先というのは、分析です。分析といっても様々ですが、記述によって明らかになった実態や変化について、その原因を探る、といった作業のことを指します。「説明」という言葉を使うこともあります。

たしかに、こういうと記述よりも説明のほうがより高度な知的作業のように聞こえますよね。実際多くの研究者は、「記述だけだと研究業績として認められにくい」と考えています。ただ、よくよく考えてみると、事態はもう少し複雑です。

2　記述より説明？

かつて、多くの社会科学研究者に読まれていた名著があります。いえ、いまでもよく読まれているかもしれません。『創造の方法学』という本です。二〇二〇年の三月時点で、実に五二刷を重ねている大ベストセラー本でもあります。著者は社会学者の高根正昭先生で、一九五四年に学習院大学を卒業後、カリフォルニアの大学に留学し、そこで博士号を取得し、その後日本の上智大学で教鞭《きょうべん》をとられました。

『創造の方法学』は、まごうことなき名著です。著者がアメリカで体得した「社会科学の研究方法」について、実体験をもとにやさしく説明されています。本書と重なる部分も多いです。ただ、違うところもあります。それは、社会科学における「記述」をめぐる考え方です。

本の中ほどに「「説明」と「記述」の違い」という節があり、そこで著者が経験した興味深いエピソードが開陳されています。著者がアメリカの大学に在籍中、歴史学の「B助教授」の助手として働いていたときに、こんなことがあったそうです。B助教授が著者に、新しい論文の抜き刷り（冊子になったコピー）を渡しました。著者の感想が聞きたかったからでしょう。ここからは引用しましょう。

……次の機会にB氏に意見を求められたとき、私は最大級の賛辞のつもりで、「あれは大変によい〝記述的〟論文だと思う」と言った。いや言い終わらないうちに私は「しまった」と思った。B氏の顔から見る見る、血の気が引いていくのが見えたからである。*（四二頁）

そしてB助教授は著者に次のように言い返しました。

たとえ歴史学者だからといって、〝記述的〟と言われたら侮辱ですよ。あれば分析的な論文です。（四三頁）

注目してほしいポイントが二つあります。ひとつは「記述的と言われたら侮辱」という考え方です。もうひとつは、「歴史学者だからといって」というところです。

＊高根正昭『創造の方法学』（講談社現代新書、一九七九年）

研究者は記述だけではダメなのか

まず、自分の研究が「記述的」だと言われたらそれは「侮辱である」とは、どういうことでしょうか。実は、一度でも標準的な科学的研究の手続きについて学んだ人ならば、上のようなやり取りを理解するのは容易です。研究というのは記述を超えて、その先にある説明を目指すべきだ、と教えられるからです。

「記述」「説明」といった言葉が学術の世界でどのように用いられているのかは、それ自体研究に値することなのですが、ここではさしあたり高根先生の著述に沿って理解しましょう。

記述というのは、繰り返しになりますが、研究という文脈においては、現実の現象の正確な観察と記録のことです。たとえば自殺について研究したいのならば、まずは自殺をある程度観察・記録しなければなりません。「一九九〇年から二〇〇〇年の一〇年間で、自殺率は○％増加した」「二〇一八年には、〇〇が原因とされる自殺が△△件あった」といった文章が、記述ですね。

これに対して説明（explanation）とは、「『なぜ』という疑問を発して、『結果』として使われる現象と、その『原因』となる現象とを、論理的に関係させようとする」ことであると言われています。

高根先生はアメリカで社会学のトレーニングを受けていくなかで、記述を超えて説明を目指すという研究のスタイルを叩《たた》き込まれています。もちろん、高根先生は記述の重要性を軽視しているわけではありません。ただ、目標はあくまで説明にあるわけです。


もちろん「説明」とは「原因」となる現象と、「結果」となる現象との関係にほかならない。従って、正確な両者の「記述」がなければ、信頼できる「説明」は存在し得ない。その意味で正確な「記述」は、「説明」的研究に進むために、欠くことのできない前提となる。しかしたんなる記述に終わってしまうなら、それは科学として、現象を理解しようとする本来の目的を、放棄したことになるのである。*（四一頁）

このように言われてみれば、たしかにそのとおりだ、と考えたくなりますね。「自殺率が一〇年で三%上昇した」と「記述」されたら、「どうして?」「(自殺率の増加というその結果の)原因は?」と考えたくなるものです。

＊前掲書

3 「原因と結果」以外の説明

原因と結果に関する分析は、現在の社会科学ではしばしば「因果推論《いんがすいろん》」と呼ばれ、特に数量的なデータを扱う研究であれば、標準的な方法の一つになっています。

因果推論の基本的な考え方は、「条件をそろえる」というものです。たとえば、学習時間を一時間増やしたら、テストスコアは何点良くなるのかを知りたい場合、学習時間以外の条件をそろえた上で学習時間の効果を測定しないといけません。そうしないと、テストスコアが学習時間の影響で変わったのか、それとも家庭環境や本人の基礎学力などの別の要因で異なっているのかがわからなくなるからです。もともと基礎学力が高い人は学習習慣が身についていて、学習時間もテストスコアも大きな値になりがちでしょう。この場合、学習時間がたとえゼロでも、高いテストスコアが得られるかもしれません。したがって、家庭環境でも基礎学力でも、条件が同じ人どうしで比べることが重要になるのです。

この手法を洗練させることで、自然科学も社会科学も、実にたくさんの発見をしてきました。因果関係あるいは因果効果を追究する方法は、間違いなく科学的研究の最も良質な蓄積の一つです*。

ただ、もう少し突っ込んで考えてみると、必ずしも記述と説明の区別ははっきりとしたものであるわけではないことがわかります。高根先生は、説明とは「原因と結果の関係を明らかにすること」だと考えているようですが、説明をこのように狭く考えることにはデメリットもあります。

みなさんは、どんなときに「説明された」と感じるでしょうか。一つには、対象についてよく理解できたときに、そう感じるはずです。対象について説明がなされたときに、「ああ、なるほど（That makes sense）」「そうなんですね、わかりました（Now I understand)」といった反応を引き起こしうる場合、私たちはその対象について理解できた、と感じるでしょう。**説明するということは、このように「理解する」ということと密接に関わっています。**

＊【読書案内】わかりやすい因果推論の入門書としては、統計学の本としては例外的なベストセラーとなった西内啓『統計学が最強の学問である』（ダイヤモンド社、二〇一三年）があります。もう少しレベルの高い入門書としては、森田果『実証分析入門』（日本評論社、二〇一四年）などがあります。統計学の入門書はほんとうにたくさんありますので、まずは自分のレベルに合わせて、読みやすそうなものから入っていく必要があります。

父系・母系にみる家族の関係

少し長くなりますが、ひとつ例を挙げましょう。社会学者の得意分野のひとつ、「家族」についてです。家族社会学では、しばしば「系」という概念が登場します。読者のみなさんは、「家系」という言葉を思いつくのではないでしょうか。家系という概念は、「辿《たど》る」という概念と結びついています（「我が家の家系を辿ると武家に行き当たる」）。家系を辿るとき、今の日本社会では基本的に父方のつながりを辿っていきます。このように、家や血のつながりを、父方で辿ることを「父系」といいます。逆に母親を通じて辿る場合には「母系」になります。

ただ、「系」には単なる家や血の継承以上の意味があります。いまや家系を気にする人はずいぶんと少なくなってきたはずです。実際私も自分の家の家系図なるものを見たことがありません（そもそもそれがあるのかどうかも知りません）。他方で、広い意味での「系」を気にする人はむしろ増えている、というのが家族社会学の見立てなのです。これはどういうことでしょう？

まずは基本概念の説明から始めましょう。「系」の最小単位は、親と子のつながりです。これを「直系」といいます。直系の対義語は、「傍系」です。傍系とは、あいだにきょうだい関係を挟んだ親族関係です。きょうだい、おじ・おば、いとこなどがそれにあたります。さて、直系の親子関係ですが、結婚（ただし一夫一妻とする）すれば最大で四人の「親」との関係が生まれます。父・母・義父・義母ですね。

「父系」「母系」という場合、父との関係を基本とする（重視する）のが父系、母との関係を基本とするのが母系、ではありません。そうではなく、「父方」の親との関係を重視するのが父系、「母方」の親との関係を重視するのが母系です。「父方・母方」という場合の「父・母」とは、直系の親子関係の「子」にあたります。「子」には「親の子」という意味と、年齢の小さな子どもという意味がありますが、ここでは前者の意味です。区別するために、しばしば家族社会学では「成人子」という言葉を使うこともあります。もし子が結婚していても子どもがいない場合には、その人は父でも母でもありませんから、「夫方・妻方」といったほうがよいでしょう。ただ、父系・母系というときには、子どもが生まれ続けることを想定していますから、「父方・母方」という言い方をしているのです。混乱を避けるために、ここでは「夫方・妻方」という言い方も適宜使います。

ここに強烈な「父系」社会があったとしましょう。そこでは、財産（田畑や家屋）の継承も親から息子、特に長男に対して行われます。姓の継承もそうです。付き合い方も夫方の親に偏ります。同居するなら夫の親、金銭のやり取り、子育ての手伝い（親→成人子）や介護（成人子→親）も夫の親に偏ります。お墓も、女性は死んだら夫方の家のお墓に入ります。先祖のお墓参りも、夫方のみです。

純粋な父系社会というのは珍しいものですが、現在日本はどちらかといえば、親や先祖との関係は夫方に偏っています。これは親との居住関係に現れていて、日本で親と同居する場合、多くは夫方の親との同居なのです。もちろん地域差もあります。父系が強いのは、東北地方と北陸地方です。以前、山形の大学の女子学生と、関西の大学の女子学生がいるところで、お墓参りの話になったことがあります。私が「お墓参りといえば、父方の方？　それとも母方？」と投げかけたところ、関西の学生はほとんどが「時と場合による」「両方」と答えていたのに、山形の女子学生のうち何人かは（自分の親の行動を踏まえて）「結婚したら夫方だけみたい」と言っていました。「自分が死んだらお墓はどうする？」という質問に対しては、山形の女子学生は多くが「やっぱり夫の家の墓に入る」と答えたのですが、関西の女子学生は、ほとんどが「わからない」「どうするか迷う」と答えていました。

4　親子関係の変化を説明する

さて、このような「系」のあり方は、現在急激に変化しています。特に、父系を維持できるための条件が、今の日本社会ではどんどん失われています。一般に、家が家業を営んでいて、父親が家長として権限を持っていた時代が終わり、現在の多くの人は会社に雇われて働いています。雇用の浸透です。雇用が増えると、子は親から経済的に独立しますから、*親子のつながりである「系」も当然細くなるように思えるでしょう。

＊【読書案内】家族の変化についての入門書としては、すでに紹介した落合恵美子『21世紀家族へ』のほか、拙著『結婚と家族のこれから』（光文社新書、二〇一六年）もわかりやすくまとめています。

しかし、別の変化が「系」の問題を複雑にします。最も影響が強いのは、出生率の低下でしょう。家族社会学者の落合恵美子は、「人口学的な理由によって、家制度はいよいよ本当に消滅するか、少なくとも根本から変質せざるをえないところに立ち至って」*（一八八頁）いると主張します。

＊前掲『21世紀家族へ（第4版）』

たしかに、もし男女が生まれる確率がそれぞれ五〇%で、[＊] 夫婦が二人ずつ子どもを作るとすれば、「男・男」「男・女」「女・男」「女・女」の組み合わせが確率四分の一ずつで生じますから、およそ四組に一組の夫婦には男の子が生まれないことになります。純粋な父系社会であれば、「跡取り」がいなくなり、お墓を受け継ぐ子どもがいなくなるわけです。一人っ子が続けば、仮に八組の夫婦がいたとして、次の代には四組しか男子が生まれず、その次は二組……となり、遅かれ早かれもとの八組の夫婦の家系はすべて途絶えるでしょう。日本の皇室は父系であり、一夫一婦制の採用と出生率の低下で、家系断絶の問題に悩まされていることは読者のみなさんもよくご存知だと思います。

＊実際には、ヒトの出生時点の性比はわずかに男性に傾いています。自然な状態だと、女性一〇〇人に対して男性一〇五人くらいです。

さらに、男子が生まれるかどうかの問題以前に、子どもが育った後でそもそも結婚・出産に至るのかという問題もあります。二〇一五年の国勢調査によれば、五〇歳時点で一度も結婚をしていない男性は二三・三七%、ほぼ四人に一人にのぼります。そして、住居やお墓（家墓）の継承となると、もっと条件は厳しくなります。というのは、男子が生まれ続けるという条件のほか、直系の子孫が同じ地域に住み続ける、という条件も出てくるからです。もちろん住む場所と遠く離れたお墓を維持し続けることは（たいへんな負担を覚悟すれば）可能かもしれませんが、住居の継承は無理です。

また、出生率が低下すれば、親との付き合い方にも変化が生じます。もしきょうだいがたくさんいれば、自分以外の誰か（一昔前では長男夫婦）が親の世話をしてくれるだろう、と考えることもできたでしょう。しかしきょうだい数が少ない現在では、親との関係は男性だろうが女性だろうが気にせざるを得ないものです。なにしろ、親にとってみてもひとりひとりの子どもとの関係は、数が少ない分密になります。しかも、親が長生きするようになっていますから、成人後・結婚後に親と付き合う期間も長くなります。

そういう意味では、たくさんのきょうだいがいた団塊の世代（二〇二〇年時点で七〇歳台前半）の人たちのほうが、よっぽど親から自由に結婚生活を送ることができたはずです。団塊の世代の人たちは、親は現在ほど長生きせず、きょうだいも多いので親との関係もあまり負担にならず、そして自分たちの親と違って自分たちは二～三人しか子どももちませんでしたから、ケア（育児や介護）の負担が前後の世代よりも小さかったのです。

現在の私たちは、自分の親のみならず、男性でも義理の親との付き合いを軽視できません。なにしろ、妻のきょうだいが少なければ、妻にとっても親との関係は重要なものになるからです。

5　見えにくいところに光を当てる

少し家族の話が長くなったので、ポイントをかいつまんでお話ししましょう。親との関係は、資本主義が発達して雇用が浸透するという経済的な変化によって、弱体化する力を被ります。しかし他方で、少子化によって親との関係が密になり、長寿化によって親との関係が長期化するという力も働きます。しかしこれは父系のつながりを維持するように働くとは限りません。少子化の中で、妻もまたその親との関係を夫と同様に維持しなければならない状況になり、父系的（夫方に偏った）関係を維持することは難しくなります。

さらに複雑なことに、国の制度によっても親子関係は変わります。たとえば年金制度などの高齢期の社会保障が充実すれば、子から親への経済的援助は必要度が下がるでしょう。

どうでしょうか。**経済的な変化と人口学的な変化、そして国の政策が、家族（親子関係）の変化と複雑に入り混じっている**ことがわかったと思います。これらは、もちろん**「意図せざる結果」を介した緩いつながり**です。雇用労働の増加は、子を親から独立させるために進められたわけではありません。資本主義の進展が雇用を増やし、その副次的結果として親と子が経済的に独立していくのです。

さらにややこしいことに、若年層の経済的な状況も親子関係に大いに関係します。中国では、若者が結婚するにあたって必要な資金や住居を自分で稼ぐことが難しく、親からの援助をあてにするため、親から成人子への資金の流れが目立っています。欧米社会の一部では、若年層の失業が多く、親と一緒に住み続ける成人子が社会問題になっています。かといって、このような親子関係を生み出すために若年層の失業が意図的に放って置かれる、ということはもちろんありません。人口学的な変化についても同様です。

成人後の親子関係を長期化させようとして長寿化が進んだわけではありません。

結果を比べるだけでは見えてこないもの

ここで、気づいてほしいことが二つあります。まず、家族の変化が多くの場合意図せざる結果によって「説明」されているということです。まさに、家族の変化の記述は、意図せざる結果のオンパレードです。次に、一見関係がないように見えるさまざまな要因の絡み合いのなかに家族があり、その見えにくい関係に光を当て、解きほぐしていくことで、家族の変化を「説明」できる、ということです。*「原因と結果」に関する考察は、説明の中に入ってきてはいますが、必ずしも重要な部分ではありません。

「雇用が増えると親子関係が独立的なものになる」「少子化すると親子関係が緊密になる」という主張は、個々に取り出した場合には、たしかに因果推論の枠組みで検証すべきものです。しかし「社会（あるいはその変化）を記述」するというのは、個々に取り出した主張を検証するという作業の前に、社会を広く見渡した場合にのみ、見えてくる知識なのです。そして実際に社会が長期的にこういった「社会記述」が指し示す方向に大まかに進んでいるかどうかを見るためには、必ずしも「条件をそろえて結果を比べる」という厳密な作業は必要ありませんし、場合によってはその作業が無意味になってしまうこともあります。

＊実際、英語で「詳細に説明する」という意味のexplicateには、「明るみに出す」「解きほぐす」といった意味があります。

密接に結びつく社会の記述と説明

第二章で、社会学という学問の特徴を、「自らの土俵を作らない」ことに求めました。もうちょっと慎重にいえば、社会学は経済学や心理学といった近隣学問と比べて、その傾向が弱い、ということです。計量的な分析においてもこれは当てはまります。計量社会学では、必ずしも厳密な因果推論にこだわりません。長期的な社会の変化をよりよく説明できる（それにフィットする）モデルの構築に主眼が置かれるのです。

因果推論というのは、言ってみれば、社会から一部の情報を切り離して、純粋な、ノイズのない実験室のなかに取り入れ、そこで原因の効果の大きさを測定しようとするものです。これに対して社会学の計量分析では、社会の姿を数字で表現＝記述するために数量データを用いることも多いのです。

日常用語の「説明」には、必ずしも「原因と結果」の因果関係への言及を含まないものもたくさんあります。すでに家族について指摘しましたが、社会にはいろんな「結びつき」があり、そしてそれらはあまり明確に意識されていないことがあります。すでに何度も書いてきたように、私たちが認識している社会は、実際の複雑でわかりにくい絡み合いの中のほんの一部です。いままで光が当てられなかった部分に光を当てる作業、つまり意識されない結びつきを明示する（記述する）という作業を行うことで、社会の理解は格段に進みます。**社会の説明は、記述と密接に関連しています。**

高根先生（あるいは多くの研究者）は、説明を「原因と結果の関係を特定すること」だと理解した上で、記述と説明を対立的に考えていますが、説明という言葉をもう少し広く捉えれば、必ずしもそれが記述と対立するものではないことがわかると思います。そして、先の「歴史学者だからといって」という言葉には、歴史学やそれと関連が深い社会学において、特に記述と説明が重なりやすい、という意味が込められています。

もし、社会が主に「意図された行為とその結果」で構成されているというのなら、因果推論の枠組みだけで研究の重要な部分はカバーできるでしょう。「少子化に対応するために、子ども手当（という意図的な処置）が出生率の向上に与える効果を測定する」といった研究です。しかし（本書で述べてきたように）社会のあり方が「意図されない」結びつきで構成されているということを強く意識した場合、意図せざる結果を含みこんだ社会の記述がまずは重要になる、ということも理解できるでしょう。

6　理論の意味

以上、説明のあり方は「原因と結果」の関係の追究以外にもありうる、という話をしてきました。もちろんこんなことは一線で活躍している研究者は知っていることでしょうが、因果関係の追究が標準的な科学の手続きとして確立されている以上、それ以外の説明の方法があまり体系化されておらず、社会科学の方法の教科書、つまり社会科学はどのように社会を説明・分析すべきかの入門書からも抜け落ちがちである、ということは強調しておきたいところです。

さて、ここでもう一つ論じておきたいのが、「理論」についてです。学問をするうえで、理論との付き合いは避けて通れません。しかしそもそも理論とは何なのでしょうか？

英語では、理論はtheoryです。日常の用法で、theoreticallyといったときには、「理屈では」といった意味合いがあります。たとえば「He is theoretically right」といった場合、「彼は理屈では正しい（が、実際には間違っている）」といったニュアンスになります。**科学的にも日常的にも、私たちは現実の流れや絡み合いからいったん距離を置いて、理屈で考えてみる、ということをよく行います。**その究極のものが、数理モデルでしょう。数理モデルとは、理論を数式で表現したものです。

理論を構築するというのは、確かに科学においては当然の方法だと考えられています。しかしそもそもなぜ、現実にずっと寄り添わず、いったんそこから距離を置くのでしょうか？　理論社会学の例を挙げて説明しましょう。

fについての制限は，階層構造イメージ上の順位から回答カテゴリーへの写像が，順序を保存する写像であることを求めている．FK モデルでは具体的に，階層帰属意識に関する回答カテゴリーとの対応規則として次のような関数を定めている．すなわち $n \geq m$ のとき，

$$f(i) = \begin{cases} l_1 & (1 \leq i \leq [n/m]) \\ l_2 & ([n/m] < i \leq [2n/m]) \\ \vdots & \vdots \\ l_{m-1} & ([(m-2)n/m] < i \leq [(m-1)n/m]) \\ l_m & ([(m-1)n/m] < i \leq [mn/m]) \end{cases}$$

である．ただし，$[\gamma]$はγにもっとも近い整数を表す．

FK モデルにおける数理モデルの一部

石田淳（2003）「認識の効率性と階層イメージ：スキャニング打ち切り条件を課したFK モデル」『理論と方法』28（2）213頁、より。

現実から距離を取ることの意味

社会学で有名な数理モデルに、「ＦＫモデル」というものがあります。ＦＫモデルは、社会学における「階層帰属意識」研究で用いられる理論です。アンケート調査などで「あなたは社会のどの位置にいると思いますか？　上・中の上・中の中・中の下・下」のような質問をすると、だいたいどの国でも回答がどうしても「中」に偏ることが知られています。収入や職業的地位などの実態が示す格差にもかかわらず、人々の感覚としては「中流意識」が肥大化しがちである、ということです。この背後にあると思われるメカニズムについて、数理モデルを用いて説明したのが、ＦＫモデルです。

このように、数理的なモデルを用いないと首尾よくメカニズムを説明できないということは確かにあるでしょう。

ただ、社会科学者が現実から距離を置いたモデルを用いる理由にはそれ以上のものがあります。

ひとつには、**現実と距離を取ることで概念の定義の曖昧さを少なくし、かつ演繹的《えんえきてき》な推論を行うことが可能になるからです**。演繹的な推論とは、純粋なかたちでは、論理的に否定できない明確なつながりで知識を構築することです。Aが正しければBも正しい、Bが正しければCも、という関係ですね。有名なのが、三段論法です。「トリは卵を産む」「コウモリは卵を産まない」という二つの知識が定義も明確で正しければ、そこから「コウモリはトリではない」という新たな結びつきが得られるわけです。

では、なぜ科学者は明確な定義と演繹的推論を重要視するのでしょうか？

答えは、いくつかあります。ひとつは、数理的なモデルを構築することで、自然言語で表現したときにはみつからなかった意外な発見が出てくることがあるからです。自然科学での有名な例が、ポール・ディラックによる反物質の存在の予想でしょう。ディラックは、実験結果を数式に置き換えるのではなく、数式の美しさを優先して、そこから逆に現実世界を説明する理論を組み立てました。

社会科学ではこのような例は多くはないでしょうが、数学者ジョン・ナッシュによる「ナッシュ均衡」の発見はそれに近いかもしれません。ナッシュ均衡は、理論経済学や数理社会学で多用されるゲーム理論の骨格をなす理論で、互いに話し合って協力しない環境で人々がどのように振る舞うのかを説明するものです。ゲーム理論は、たしかに数理的（演繹的）操作を行うことで、日常言語で人々の振る舞いを表現することでは見えてこなかった帰結を引き出すことがあります。さきほどのFKモデルにも同じことが言えるでしょう。

誰がやっても同じ結果になる重要性

ただ、必ずしもすべての理論モデルがこの「意外な発見」というメリットを有しているわけではありません。おそらくより重要なのは、**演繹的な理論の構築と展開が、「誰がやっても同じ結果になる」ような手続きであるから**です。もう少しいえば、誰がどういった環境で分析や推論を行っても同じ結果になるように、手続きを組み立てようとするから、明確な概念定義と演繹的推論が必要とされる、ということです。「誰がどのような環境で行っても」ということを、科学の世界では「再現性」といいます。

再現性は、決して軽視できない、科学の重要な要素です。再現性がある程度保証できていないと、学問の世界はなんだかよくわからないものになってしまうからです。考えてみてください。ある結果を導き出した推論を、その後誰も再現できず、極端な場合本人ですら再現できなくてもよいのなら、それこそ「何でもあり」になってしまいます。科学における「客観性」とは、推論をした人や状況に、推論によって得られる知識が依存していない（推論をした人や状況によって知識が変わらない）、ということです。

7　自然言語による「理論」

明確に定義され解釈に緩みがない概念と、再現性のある演繹的な推論こそが、科学の「土俵」です。すでに述べたとおり、科学は対象をこの土俵に引き寄せることで、強みを発揮します。しかしながら、これも（主に第三章で）述べてきたように、実際には私たちの社会は「緩み」を含みこんだ不安定なものです。したがって、科学的な概念や理論は、現実世界から距離のあるものになりがちです。

現実が緩みにあふれているからこそ、科学はそこから距離をとって緩みのない土俵で勝負すべき、という考え方もできるでしょう。私は、この考え方を否定することには全く意味がないと考えています。

しかし他方で、緩みに満ちあふれた対象をよりよく理解し、記述・説明するためには、多少の緩みを含みこんだ概念や理論も許容すべきだ、という考え方もできますし、こちらも頭ごなしに否定してかかるべきではない、と私は思います。

実際、対象に寄り添うことを特徴とする社会学で用いられる概念や理論は、他の分野と比べて相対的に「緩い」ものが多く見られます。もちろん、社会学には数理社会学という分野があって、先ほど紹介したFKモデルのように、数式を用いた演繹的な推論を行う社会学者もいます。* とはいえ、それが標準的となっている経済学と比べると、緩みのない演繹的推論が利かせている幅はきわめて小さいものです。

*【読書案内】数理社会学のやさしい入門としては、浜田宏『その問題、数理モデルが解決します』（ベレ出版、二〇一八年）があります。対話形式で読みやすく、数式も最小限しか登場しませんので、ぜひ挑戦してみてください。また、日本数理社会学会監修『社会を〈モデル〉でみ

る：数理社会学への招待』（勁草書房、二〇〇四年）は、数理モデルの見本市のような本で、「なぜ禁煙に失敗するのか」といった身近なテーマを数理モデルで解き明かしています。

言語による理論は理論なのか

一つ例を挙げましょう。社会学の理論の一つに、「社会移動」についてのものがあります。社会移動とは、地理的な移動ではなく、社会的地位の移動です。社会的地位とは、ここでは階層的地位、すなわち主に職業で測定される、社会における人の地位のことです。医者や弁護士、会社の役員など、通常は高度な専門知識や教育が必要になる職業に就いていれば上位階層、就くのにそれほど教育訓練が必要にならないような職業に従事している人が下位階層に属する、といった区分を用います。

こういった社会的地位は、ある程度親から子へと受け継がれる、と考えられています。つまり、親が上位階層に属しているのならばその子も、親が下位階層に属しているのならその子も、といった傾向です。これを社会学では「階層の世代間再生産」といいます。この再生産、つまり親の社会的地位と子の社会的地位の連動性は、果たしてどう変化しているのだろうか、ということについて、主に二つの理論が提起されています。

ひとつは「産業化命題」と呼ばれていて、これは産業化が進めば階層が開放的になる、というものです。開放的とは、親の階層にあまり関係なく子の階層が決まる、という意味です。これに対して、（提唱者の頭文字をとった）「FJH命題」では、産業化が一定段階に達したところで開放性は変化しなくなる、と予測します。*社会学者がこういった理論を記述する際、通常は演繹的な数理モデルが使われることはありません。理論を構成するのは、多くの場合自然言語です。「産業化命題」についていえば、産業化された社会（大資本による機械的生産が幅を占める社会）では、本人の職業的地位を決めるのは親の地位というよりは教育達成（学歴）であり、かつ本人の教育達成は（平均的な所得水準の向上などもあり）親の地位に影響される度合いが小さくなっていく、といった説明がなされます。

さて、これは果たして「理論」なのでしょうか？　「産業化命題」を提唱したドナルド・トライマン自身は「命題（thesis）」という言い方をしているので、必ずしもこれを理論と呼ぶ必要はありませんが、社会学のなかでは、こういった命題のことを理論と呼ぶことは多々あります。

＊まとまった解説として、三輪哲「『開かれた社会』への遠き道程：社会移動の構造と趨勢《すうせい》」盛山和夫・片瀬一男・神林博史・三輪哲編『日本の社会階層とそのメカニズム：不平等を問い直す』（白桃書房、一―三三頁、二〇一一年）があります。三輪は、データを分析した上で、日本においてはＦＪＨ命題が基本的に当てはまることを示しました。

身内のコネより弱いつながりが就職には効く？

もうひとつ例を挙げましょう。社会学には、人と人のつながりについて研究をする「社会的ネットワーク論」という分野があります。そのなかに、「弱い紐帯《ちゅうたい》の強さ（the strength of weak ties）」という理論があります。＊提唱者であるマーク・グラノヴェッターは、転職する際の職探しにおいてこの弱い紐帯が強みを発揮しうる、と提起します。通常は「身内のコネ（強い紐帯）を持っていたほうが仕事探しには有利」という考え方をするのでしょうが、これとは逆の考え方なので、提唱された当時にはかなり話題となった理論です。

その理屈は、簡単にいうとこうです。強いつながりを持つ人々はしばしば集団を形成し、情報が仲間内で共有されます。そうすると、すでに仲間内で知られている情報ではない、新規性のある外部の情報が入ってこなくなります。したがって、どこかにいい仕事があったとしても、その情報について教えてくれる人は集団の中にいないかもしれません。これに対して外の人や集団と弱いながらも幅広いつながり、つまり「仲間」ではなくても「知り合い」を持っていれば、転職などにおいて役に立つ多様な情報が得られる確率が高くなります。たとえ結びつきの強い集団に属していなくても、「顔が広い」人であれば、なにかしら有用な情報が得られる分有利なことがある、というわけですね。

ふたたび、こういった理論を表現する際に数理モデルが使われる必然性はそれほど強くありません。ここで記述してみせたように、自然言語でも十分に表現できるのです。ただその分、理論の示す内容はより「緩い」ものになります。

＊【読書案内】この理論のわかやすい紹介は、金澤悠介「仕事：なぜ転職に成功する人としない人がいるのか」小林盾他編、数理社会学会監修『社会学入門：社会をモデルでよむ』（朝倉書店、七一―七九頁、二〇一四年）にあります。

経済学にも言語による理論はある

もちろん、社会学よりもずっと「科学」に近い経済学でも、数式ではなく言葉で表現できる理論はあるでしょう。たとえば経済学者ジョージ・アカロフは、「情報の非対称性」という理論を構築して中古車市場の説明を行った功績で、二〇〇一年にノーベル経済学賞を受賞しました。かいつまんでいえば、中古車市場では、ほうっておくと良品が市場から淘汰《とうた》されてしまう（取引されなくなってしまう）、ということを説明した理論です。

中古車という商品についての情報は、売り手（中古車取扱業者）の方が、買い手よりも詳しく知っています。故障しやすいものかどうか、事故車かどうかなどの情報を、売り手の方が買い手よりもより多く持っている、ということです。仮に同じ車種、同じ走行距離の高品質の中古車が二〇〇万円で、低品質の中古車が一〇〇万円で半分づつ市場に出回っているとして、よほど売り手のことを信用できる条件が整わない限り、買い手はほんとうのところどれが高品質の中古車なのかがわかりませんから、高品質の中古車

Thus total demand $D\ (p,\ \mu)$ is

$$D(p,\ \mu) = (Y_2 + Y_1)/p \qquad \text{if } p < \mu$$
$$D(p,\ \mu) = Y_2/p \qquad \text{if } u < p < 3\mu/2$$
$$D(p,\ \mu) = 0 \qquad \text{if } p > 3\mu/2.$$

アカロフの「レモン市場」論文より、数式の一部。

Akerlof, G. A., 1970, "The Market for 'Lemons': Quality Uncertainty and the Market Mechanism," *Quarterly Journal of Economics*, 84 (3) p. 491.

を買うことはしません。こうして高品質の中古車が取引されなくなっていきます。これを経済学では「逆淘汰」といいます。淘汰には優れたものが生き残るという意味合いがありますが、逆淘汰では劣ったものが生き残る、というわけです。

このように理論の趣旨は言葉で説明できることもありますが、経済学者はやはり数式を使って理論を表現することを好みます。アカロフの「レモン市場」（アメリカでは欠陥のある中古車のことをレモンといいます）論文で使用されている数式は非常にシンプルで中学レベルの数学知識でも理解できるものでしたが、通常はもうちょっと難しいモデルが用いられます。

8 「一回きり」でも理論？

現実というのは、当然理論よりももっと緩いつながりで構成されています。すでに家族の変化のところでみてきたように、無数の要因が偶然かつ意図しないかたちで絡み合って、さまざまな結果が生み出されてくるのです。何も追究しない状態では明確に知られていないこういった緩い連関を言語化することが、社会学の概念や理論の重要な役割になっています。

このような社会学の理論の働き方は、再現性や客観性に主眼をおいた通常の理論の役割とは少し異なっています。さらに、科学的な理論が法則性や一般性を重視するのに対して、さきほどの家族の変化の説明は必ずしもそういった特徴を重視しません。というのは、偶然の要素の絡み合いに光を当てて解きほぐす(=説明する)ことが目的であるのなら、その理論が説明する対象が歴史的に一回きりのものであっても説明は十分成立するからです。*

でも、そもそもなぜ「一回きりの出来事」が生じるのでしょう。答えは意外に簡単です。それは、無数の要因が複雑に、しかも偶然に絡み合っているからです。たとえ個々の要因の動きが法則的に予測できるものであったとしても、それらが無数に絡まりあった結果の出来事は無限に多様性を帯び、予測できません。「社会の個々の要素が法則的に動く」ということと、「社会全体が予測できる」こととは別の話です。これは自然現象でも同じで、気象予報には力学・熱力学の法則が関連しますが、様々な地理的条件があって、個々の大気の動きが複雑に絡み合うため、一回きりの現象が無数に生じ、予測が難しくなるのです。

*たとえば「フランス革命」は、歴史的に一回だけの出来事でした。これに対して物理現象や化学現象は、条件が同じであれば何度でも同じことが生じる、と考えられています。経済学者が追究する理論も同様でしょう。ただ、自然科学でも気象学のように「一回性」を扱う分野がありますし、「個別性」と「法則性」は考えられているほど排他的な（互いに相容れない）ものとは限りません。詳しくは、稲葉振一郎『社会学入門・中級編』の一一頁あたりの議論をみてみてください。

社会の出来事は常に他でもありえたもの

二〇一九年に中国・武漢で最初に拡大した新型コロナウイルスの影響で、日本でも厳しい感染防止策がとられ、二〇二〇年にはさまざまなイベントが中止に追い込まれるなど、経済活動が部分的に停止していました。このなかで深刻な影響を受けたのは、自分でビジネスを行う自営業の人たちです。

ここで、とある自営業者が廃業に追い込まれたとしましょう。この状況は、もちろん過去に類似の出来事や状況はあったのかもしれませんが、歴史的に一回きりのものです。二〇一九年一〇月からの消費税増税がウイルスの影響以前に景気を冷え込ませてしまっていたこと、そしてたまたまその自営業者は、中止になっていたイベント関連の仕事を受注する業者であったこと、ここ二〜三年体調がすぐれずここぞという踏ん張りがきかなくなっていたこと、取引している銀行の理解ある担当者がたまたま異動になってしまったこと、少子化で自営業や中小企業がいわゆる「跡取り問題」に悩まされていることなど、数多くの要素が絡み合って、結果的にその自営業者はビジネス継続を断念したのでしょう。これらの要因は、相互に影響しあっているかもしれないし、完全に偶然の重なり合いでしかないこともあるでしょう。

もちろん、ほんとうにあらゆる出来事が一回性のもので、共通性が見つけられない、つまり比較することが難しい場合でも、私たちは廃業したその自営業者のことを詳しく知ることで、理解し、場合によっては共感することができます。ただ、さらに「社会の記述」を行うのならば、事例を多数観察し、そこに一定の（法則性というよりも）傾向性を見出《みいだ》すことが必要になります。*

社会変化の方向性というのは、無数の要素が絡み合う中でも、いくつかの影響力が強い要因があるために生じる、「社会の慣性」のようなものです。家族の場合には、大資本化、少子化、長寿化などの複数要因の結果として、現在あるような変化が説明できるのです。ただ、繰り返しますが、これらの複数の要因は、必ずしもどれかが他のどれかを説明し尽くすような決定論的な関係にはありません。つながってはいますが、そのつながり方は緩いものなのです。別の言い方をすれば、社会の出来事は、常に「他でもあり得た」ものなのです。

*【読書案内】社会学には、社会全体あるいは部分社会（たとえば現代日本社会）の特徴や変化を記述するような研究もありますし、より小さな単位（たとえば「夜の仕事をせざるをえないシングル・ペアレントの生活の実態」）を観察・記述の対象とするような研究もあります。前者は、しばしば統計データを駆使して社会を記述します。後者は、インタビューなどの質的な方法を用いて個人の生活を記述することが多いです。これについては、ぜひ岸政彦・石岡丈昇・丸山里美『質的社会調査の方法：他者の合理性の理解社会学』（有斐閣、二〇一六年）を読んでみてください。

第六章　不安定な世界との付き合い方

1 「不安定さ」と「意味のなさ」

さあ、最後の章です。これまでの章で、現在の社会のあり方についてお話ししてきました。また、学問がそれに対してどのような対応をしているのかについてもお話ししました。では、ふつうの人はどう対処したらいいの？　という話を、この章でやってみたいと思います。

この本のメッセージは、「人間は、自分たちが作ったよくわからない社会のなかで動いている」というものでした。そしてその背後には、社会における「緩いつながり」があると近代化以降、複雑さや変化の速さが増しているとはいえ、基本的には人間社会といういうのはそういうものでした。ただ、伝統的な社会では、社会の複雑さを抑制し、変化を押し止《とど》める力がある程度働いていたのも事実です。

たとえば宗教です。宗教は、なにかよく説明できない出来事が生じたとき、現代の私たちあるいは研究者がするように、いままで見えにくかったこと（しかしあくまで人間がつくってきた構造）を明らかにして説明しようとするのではなく、人間の力を超えた存在、典型的には「神」がそうしたのだ、という「説明」をします。

このように「説明」されてしまうと、話はそれでおしまいです。演繹的《えんえきてき》なモデルを駆使して説明しようとか、経験的なデータを用いて説明しようとか、そういう動機が失われてしまいます。必要なのは、神様に祈って良い結果をもたらしてくれるようにお願いするか、「神の定め」だと思って結果をそのまま受け入れるか、です。さらに、このように何か問題や不都合があったときに人間を超えた超越的存在のせいにする考え方は、為政者（そのときどきのリーダー）にとって都合が良いものですから、為政者はしばしば宗教的権威と結託したり（中世ヨーロッパにおける教会と王権の関係）、あるいは自分が両方を兼ねたり（邪馬台国の卑弥呼がそうだったといわれる）するわけです。

ただ現代社会は、宗教的権威の説明をそのまま受け入れる人が減ってしまった世界です。なぜ宗教的・伝統的権威の地位が低下してしまったのかについてはいくつかの説明がありえますが、資本主義の発達は重要な要因でしょう。すでに触れたように、産業革命期において資本家は政府（王権）と離れて力を持ち、むしろ政府の影響力を排除して産業化を進めようとしていたのでした。

前近代国家における身分制は、支配者にとって都合の良い仕組みでした。この体制を正当化する理由として、宗教や伝統が利用されたのです。ところが近代社会における階級は、むしろ資本家の利潤の追求の結果です。利潤の追求そのものには、それを直接に正当化する理屈は必要ありません。政治家が資本家に都合の良い制度を結託して作り上げることはもちろんあるでしょうが、これを隠して「資本主義は国全体の豊かさをもたらす」という物語を信じ込ませればよいのです。二〇世紀の半ばから終盤にかけて、この物語は実によく効果を持ちました。

さらに、資本主義は利潤追求の過程で国境を超えて広がります。そうすると、いろんな習慣、宗教、価値観を持つ人たちが交わる機会も増えていきます。こうなると、自分が信じている宗教は、他のたくさんのありうる価値のうちの一つだ、という意識が排除できなくなりますから、どうしても宗教的権威が相対的に力を落としていくことになるのです。

立ち現れる二つの問題

脱伝統・脱宗教化した世界では、二つの問題が生じます。一つは「不安定さ」です。もちろん、技術や制度の発達によって、不確定要素が減った部分もあります。たとえば子どもが無事に育つ確率は、近代化以降確実に増えました。それでも、伝統の軛《くびき》を脱して急速に変化するグローバルな資本主義的分業・交流を通じて社会がどんどん複雑になっていくと、意図せざる結果が出てくることは避けがたいものです。

不安定要素には、多くの人が共通して経験する危機もあれば、個人的に降りかかる不幸な出来事もあります。多くの人に共通するものとしては、金融危機、環境問題（何よりも地球温暖化）、そして一部の感染症などがあります。他の多くの人が経験しないのに自分には降りかかってくるリスクもあります。就職活動がうまく行かなかったり、失業してしまったり、結婚相手とうまく行かなくなってしまったり、といった経験です。

現代社会が脱伝統・脱宗教化することのもうひとつの問題は、「意味の喪失」です。宗教を素直に信仰できなくなってしまうと、人生に意味を与えることが簡単にはできなくなります。人生になにか重大な問題が生じてしまったとき（たとえば肉親を亡くしてしまったとき）、その理由をわかりやすく説明してくれる仕組みもありません。

2　不安の中で生きること

アンソニー・ギデンズ

第二章で紹介したギデンズは、こんなことを言っています。知らないこと、予測不可能なことに囲まれて生活することは、本来ならば大きな不安を私たちにもたらすはずです。事故、病気、失業、そして環境破壊や戦争などによって安心な生活が破壊されてしまう可能性を、私たちは心の中から完全に排除することはできません。こういったリスクに非常に敏感な人は、場合によっては精神疾患を患ってしまうでしょう。そして実際、不安に悩まされている人たちに対して、私たちは理屈で安心を説得することはできないはずです。

住んでいる場所の近くに原発がある人が、事故の可能性に不安を訴えたとしましょう。私たちは、この人に対して合理的に（理を尽くして）安心を説くことはできるでしょうか。仮にあなたが原子力発電の専門家でも、なかなか難しいはずです。むしろ専門知識を伝えることの困難に直面するかもしれません。

いずれにしろ、常に不安に苛《さいな》まれているわけではない「普通の」人たちも、何らかの合理的な根拠があって安心しているわけではないのです。ギデンズは、私たちはそういった不安を物理的に、あるいは心的に遮断しているに過ぎない、といいます。

「物理的に遮断」というのは、そういう不安を引き起こしうる情報にできるだけ触れないようにする、ということです。病気や死、あるいは生まれつきの障害などは、いままでも私たちが意図的に影響を及ぼすことが難しい経験です。現代ではこれを病院や施設に隔離することで、少なくとも日常生活ではあまり目にしないようにしています。ギデンズは、これを「**経験の隔離**」と呼んでいます。

「心的に遮断」というのは、要するに心の中で特定の情報を遮断している、つまり忘れたり、あるいは鈍感になるということです。ギデンズはこのことを「保護繭《ほごまゆ》」と呼んでいます。保護繭が機能している限り、私たちは常に不安であるという状態ではなくなります。ただ、ふと思い出せば不安を掻《か》き立てるような事柄について考えないようにしているだけなので、何かきっかけがあれば保護繭が破れてしまうこともあります。ギデンズは、日常生活を安定したリズムで反復的に送ること、つまり「ルーティン」に従うことが、不安を和らげるといいます。

経験の隔離や保護繭は、不安の根本原因を除去しているわけではありません。単に忘れたり遠ざけたりしているだけです。そういう意味では、これらはなんとも「緩い」対応法です。

予測できない不安定な社会において、「殻」に閉じこもらず、変化に向き合う強い姿勢をみせることもときには必要です。起業家精神というのは、そういった姿勢の一つかもしれません。ただ、すべての人にそういった強い心をもつように仕向けることは非現実的です。他方で、殻に閉じこもり、自分たちの日常生活にしがみつくばかりだと、私たちは意図せざる結果に飲み込まれて、より深刻な事態を引き起こしかねません。そのためギデンズは、ルーティンは心的安定にとって欠かせないもので、伝統的な行為も無《む》碍《げ》に否定してはならない、と考えていました。この意味では、ギデンズははっきりと保守主義的な側面を持っていたのです。しかし他方でギデンズは、人は必要なときにルーティンを逸脱して生活を能動的に再構築する必要に駆られる、とも論じています。

　ここから、一つ目のアドバイスが出てきます。私たちは、ある程度安心して暮らしていくために、難しいことや不安なことを忘れて生活する必要があります。他方で、ときには反省的に周囲を捉え返し、物事がうまくいかない原因について理解しなければならないこともあります。かんじんなのはこの二つのバランスをなんとか取っていくことであって、「どちらかでよい」という主張には耳を傾ける必要がない、ということです。それに、**人々は安定した基盤がないと変化に踏み出すことさえできません。安定と変化は、両立させないといけないのです。**

3　日常生活に潜むリスク

ルーティンに沿って生活する、あるいはその場その場で惰性的に生活しているだけだと、私たちはとんでもない事態に陥ることもあります。ひとつには、すでに述べた保護繭が強く機能しすぎて、住んでいる場所の災害リスクや職場の健康リスクを低く見積もってしまう、といった可能性があります。次に、小さな「偶然」が重なっていつの間にか深刻な帰結を導いてしまう、ということもあります。

偶然が重なりあう悲劇

近代社会のお話ではありませんが、近松門左衛門の浄瑠璃《じょうるり》に「堀川波鼓《ほりかわなみのつづみ》」という作品があります。江戸時代のとあるお侍さんの家を襲った悲劇の話です。侍の夫（彦九郎《ひこくろう》）を持つ妻（たね）は、江戸詰めの夫の留守に実家に帰っていたのですが、そこでたねの息子に鼓を教えに来ていた師匠源右衛門《げんえもん》と不義をしてしまいます。それが夫彦九郎の知るところになり、彦九郎は名誉を守るためにたねを死においやり、その後女敵討ちで源右衛門を殺害する、というストーリーです。

たねは夫である彦九郎をとても敬愛しており、物語の冒頭でそのことを示す描写もあるのですが、結果的にたねが不義をしてしまうという不可解さが、作品解釈でたびたび議論になるようです。世の中をシンプルに理解したい人からすれば、この物語の一連の出来事はなんとも不可解で、もどかしく感じられてしまうでしょう。

私自身は、この不可解さこそが、この作品が伝えたい「怖さ」なのではないかと考えています。たねは諸事情あって、源右衛門をもてなすために一緒に酒を酌み交わします。源右衛門はたねとの距離が近くなることに気を遣って、一度奥の部屋に引っ込みますが、そのあとで家を訪ねてきた夫の仕事仲間である床右衛門《ゆかえもん》がたねに言い寄り、たねは床右衛門からなんとか逃れようと、別の日に合うことを約束してしまいます。それを奥の部屋にいた源右衛門に聞かれてしまい、今度は源右衛門の口を封じるためにさらに酒を酌み交わすうち、結果的に源右衛門と関係を持ってしまいます。そして偶然、その場にふたたびやってきた床右衛門に現場を押さえられてしまいます。

ここには、状況の偶然と、たねのいくつかの「脇の甘さ」が重なり合っています。たねは、積極的な意図をもって浮気したのではありません。彦九郎が江戸詰めや城勤めで不在がちであること、そのため愛情に飢えていたこと、実家で（意図せず）源右衛門と二人きりになってしまったこと、たまたま床右衛門が戻ってきたこと、これらが「状況の偶然」です。つまり、ひょっとしたことから「別様でもありえた」条件です。ここに、たね自身の性格に起因する選択や過失が重なります。酒癖が悪いこと、どちらかといえば情熱タイプであること、などです。その場その場でのたねの対応は、もちろん「脇が甘い」ものであることは確かです。しかし、状況の偶然と、細かな不適切行為が重なって、いつのまにか重大な結果を招いてしまうという怖さがこの作品にはあります。さらに、夫の彦九郎が妻の不義に厳しい武家の規範に忠実だったこと、たねはおそらくそのことを強く意識できていなかったということも重なります。

作品の演出にもよりますが、たねのひとつひとつの選択や脇の甘さは、一つか二つ重なるくらいでは死に値するほど重大なものにはみえません。いえ、むしろそうみえないように、ストーリーは進められます。しかしいくつかの選択の結果、いつのまにか、たねは死に辿《たど》り着くのです。こういうことは、現代の私たちの生活にも十分に生じうる、

「日常生活の中の怖さ」です。

たとえば、自動車事故は、一人の一回の無謀な運転で引き起こされることもあるでしょうが、いくつかの「脇の甘い」行動と、いくつかの偶然が重なったときにも生じえます。コインパーキングに駐車しようとした時、「仕事で急ぐ必要があった」「たまたまコインパーキングの空きが少なく、車を入れにくい場所しか空いてなかった」「たまたまパーキングの周辺に歩行者が多く、そちらに気を取られてしまった」「たまたま駐車しようとする直前に電話がかかってきて、そちらに気を取られた」といった偶然の状況があった。そこに、後方不注意という脇の甘さが重なって、すでに駐車していた他の車にぶつけてしまった。こういうケースです。

失敗は誰にも起こりうる

不倫にしろ事故にしろ、ほんとうに注意深く生活をしている人からすれば、「やってしまった」人の行動は、細かな不注意や過失の積み重ねであったにせよ、非難に値するものでしょう。しかし人間は誰でも、そんなに完璧に生きられるものでもありません。

ここから二つ目の示唆が得られると思います。それは、失敗した人たちを非難する際には、その人が置かれていた状況をできる限り理解しようとしてからにする、ということです。不運の蓄積によって生じる事故の責任追及が行き過ぎれば、「通常の注意力」を持っている人でも陥ってしまう事故を、その人の注意力不足のせいにしてしまいます。そうしないと、他の人が同じような環境に置かれたとき、やはり同じような失敗を繰り返すことになるでしょう。

4　不安定な中の舵《かじ》取り

「惰性と反省のバランスをとって生きる（どちらかに偏らない）」「ミスは複合的要因で生じるから、ミスした人を安易に責めない」という二つのアドバイスは、どこかの偉い人が上から目線で垂れてくる講釈というよりは、現代社会の仕組みから導かれてくる当然の帰結です。この二つのアドバイスにある程度従わないと、社会全体はあまりよい方向に向かわないでしょう。

では、「惰性と反省のバランスをとって生きる」「ミスは複合的要因で生じるから、ミスした人を安易に責めない」、それぞれを社会において当てはめるとどのようなことが言えるでしょうか。まずは前者からみていきましょう。複雑で不安定な社会のなかで生きることは、「惰性と反省」の二つの極からの引力が働きやすいことを意味しています。言い換えれば、ひとつは、完全に惰性の中で、殻に閉じこもって生きることの引力です。もうひとつは、すべてを意図通りに作り変えてやろうという意志の引力です。ただしどちらも結果に裏切られることになります。

もちろん、「不安を適度に忘れる」ことは重要です。不安を適度に忘れることができないと、人はどんどんと不安な状態に陥ってしまって、しまいには不自然なかたちで宗教にすがりつくことになりかねません。「不自然なかたちで」というのは、いわゆる原理主義といわれる信仰のあり方です。

日本に住んでいるとあまり気づかれませんが、世界を見渡してみれば、多くの人々は何らかの宗教信仰を持っています。少し古いのですが、二〇一一年におけるアンケート調査では、アメリカ人の六八・四%の人が、宗教は生活で重要だ、と回答してます。*現代社会でも、宗教が生活あるいは人生にある程度の意味と安心を与えていることは間違いないでしょう。本書で紹介した（元来の意味での）保守主義の立場からすれば、宗教を根っから否定するなど馬鹿げたことになるでしょう。そしてその主張は、ある程度正しいのです。

*同様の調査（「世界価値観調査」）では、日本の二〇一〇年における「宗教は生活で重要だ」という回答の割合は一九・〇％でした。アメリカは経済先進国の中では特に信仰心が強い国で、たいていの国は日本とアメリカの中間に位置しています。

ただ、原理主義となると話は違います。原理主義宗教団体では、他の宗教的価値の存在を認めません。また、信徒が外部に接する機会を強く遮断することがあります。日本にかつて存在したオウム真理教は典型的な原理主義宗教でした。原理主義は、ある意味では惰性と反省のあいだでバランスをとって生きることからの逃避です。本質的に不安定な環境で舵取りすることを余儀なくされるこの世界で、前近代社会における伝統や宗教的権威のように、外的に安定性を与えてくれる存在を無理に求めてしまうことによって生じる現象なのです。

不安を過度に忘れてしまうと、変化が必要なときに変化に対して抵抗をしてしまい、結果的により不幸な状態に陥ってしまいかねません。たとえば数多くの「ひきこもり」のケースは、狭い世界での安定に過度に囚《とら》われてしまった人たちの問題であるともいえます。

変化との向き合い方

次に、「不安定要素に目をつぶって安定の中に生きる」のとは反対に、人生が不安定で思い通りにならないならば無理矢理に自分の思い通りにしてやろう、という誘惑に惹《ひ》かれてしまう人もいるでしょう。このタイプの人は、安定した狭い世界に閉じこもるのではなく、積極的に周囲に働きかけをします。しかし安定の重要さをないがしろにしてしまうがゆえに、周囲の人を不幸にしてしまうこともありえます。あまり規模の大きくない新興企業の社長が、自分の思い通りに会社を動かそうとしすぎて、働く人に過度の要求と責任を押し付けてしまうなどのケースは、これにあてはまるでしょう。

以上の「二つの引力」は、社会の舵取りにおいても基本的には同じです。社会が複雑で意図せざる結果に満ち溢《あふ》れているということは、社会を運営する方針について二つの方向性に引力が生じることを意味しています。

5　社会と安定

「安定と変化のバランス」をとることが重要だということの例を一つとりあげましょう。日本は一九七〇年代以降、出生率の低下に悩まされています。本書の最初の方でも触れた少子化ですね。日本の出生率の低下の根本原因は未婚化です。つまり結婚するタイミングが遅れたり、あるいはそもそも結婚しない人が増えたりした、ということです。日本以外でも少子化に悩まされている国がいくつかありますが、それらの国に共通する特徴が、「家族主義」であることです。

家族主義の国で人々が家族を作らなくなっているというのは、逆説的な現象ですね。どうしてこんなことが生じているのでしょうか。家族主義とは、社会の中で家族の果たす役割を重視する考え方です。子育てでも介護でも、家族の役割を第一に考えます。イタリアやスペインなどの南欧諸国や、日本や韓国などの東アジア社会がこれにあてはまります。これに対して家族主義ではない国、たとえばスウェーデンなどでは、子育てや介護の負担を国全体で分かち合おうとします。つまり、政府が保育や介護などの面で手厚く家族をサポートするわけです。

家族主義の国では、家族の役割が重いですから、気軽に家族を作るわけには行きません。ちゃんと機能する家族を作るために、女性はしっかりと稼ぐ能力のある男性を探さなければなりません。これに対して家族主義ではない国では、家族の負担が軽い分、もっと気軽に家族を作ることができます。これが、家族主義ではない国のほうが出生率が高くなる理由です。

たしかに、一九七〇年代くらいまでは日本でも「家族主義」でうまく回っていました。そのやり方を変えたくない、そのやり方が一番なんだと考えたがる「保守系」の人たちがいても不思議なことではありません。しかしその時期の家族がうまく行っていたのは、高齢の親世代の寿命が現在ほど長くなく、またきょうだいがたくさんいたために一人あたりの介護負担が比較的軽かったこと、家族を支える男性稼ぎ手の雇用が安定していたこと、といった条件がそろっていたからです。

これらの条件は、すでに失われてしまいました。環境が変われば、当然昔の環境でうまく行っていたやり方は通用しなくなります。ここはひとつ反省して、新しい方針を立て直さなければなりません。いってみれば、政府が率先して安定的な生活基盤をつくって、それによって家族の負担を減らしてやれば、人々は安心して家族を作るようになるわけです。「しっかりとした家族を作らなければならない、そのためには稼ぎのある人と一緒にならなければならない」と考えているうちは、不安定でリスクのあるこの社会で家族を作ることになかなか踏み込めないかもしれません。逆に、家族に頼らなくてもそこそこ安定して暮らしていける社会であれば、人々は誰かと一緒になることにそれほど躊躇《ちゅうちょ》しないでしょう。

生活が安定していれば、不安定にもコミットできる

実はこのことは、社会のいろいろな水準でも同じことです。たとえばグローバルなビジネスにおいても、「安定」と「リスクを取ること」は結びついています。アメリカの経済学者、ダニ・ロドリックは、国の貿易開放の度合いと、その国の政府の大きさの間にははっきりとした相関関係がある、と論じています。* わかりにくいので嚙《か》み砕いて言

いましょう。国の貿易開放の度合いというのは、その国の経済がどれだけ貿易に頼っているのか、ということです。経済全体で輸入や輸出がどれだけを占めているのか、どれくらい海外からの資本（資金）を受け入れているのか、ということですね。

＊ダニ・ロドリック『グローバリゼーション・パラドクス』（柴山桂太・大川良文訳、白水社、二〇一三年）。

海外との経済交流が盛んになるということは、その国の経済が世界の複雑で見通しにくい構造に組み込まれる、ということです。たしかに国際的な経済交流によって全体的な豊かさは増す可能性がありますが、何度か触れた世界同時不況のときのような、予想もしない影響がたまに訪れることになります。さらにロドリックは、経済がグローバル化すると国内の貧富の格差が拡大しやすいことも指摘しています。

ロドリックは、こういった不安定さやリスク、そして格差から国民を守らないと、国際的な経済取引は萎縮してしまうと考えました。つまり、政府が社会保障制度を通じて一定の安定性を国民に提供するからこそ、国民はグローバル化に異を唱えないのだ、という理屈です。**国民生活のある程度の安定があるから、国として不安定な仕組みにコミ**

ットできる、ということですね。

この関係は、現在のアメリカでトランプ政権のもと、グローバル化に異を唱える人たちが目立ってきていることにも現れています。ドナルド・トランプ大統領は、「行き過ぎたグローバル化がアメリカ人の雇用を失わせた」と主張し、社会の特定層からの支持を集めました。これを「経済ナショナリズム」と呼ぶこともあります。逆に言えば、アメリカは政府が人々の生活の安定を保障するような仕組みが乏しいため、経済的に「閉じこもる」ことが生活の安定に結びつくと考える人が増え、経済ナショナリズムを唱える政治家への支持が高まったのです。ただ、経済学的に見れば、経済ナショナリズムが度を越してしまうと全体の豊かさが損なわれ、まさに裏目に出てしまう可能性が高いでしょう。

6　どこまで責任を負わすのか？

次に、「ミスは複合的要因で生じるから、ミスした人を安易に責めない」という示唆と社会との関係についてみていきましょう。社会は緩いつながりに満ちていて、私たちはちょっとしたことで事故などの不幸な状態に陥ってしまいます。ですので、責任が明らかな場合でも、その人を責めるばかりでなく、寛容になるべき理由がある程度は残されていることが多いものです。ただ、このことは「人は無限に責任を解除できる」ということを意味しているわけではありません。

責任の判断の背後には、何らかの考え方、あるいは理屈があります。そして「誰がなぜ悪いのか」ということについての判断基準は、理屈上はどこまでも相対化できます。たとえば、あまり稼ぎの良くない仕事に就いている人、あるいはどうしても仕事が見つからず失業が続いている人がいるとします。この人に、貧困や失業の責任をどこまで負わすべきでしょうか。もしその人に何らかの障害があった場合、「良い働き口が見つからなくても仕方がない」として、責任を少し減じるかもしれません。さらに、もしその障害は明らかに自己責任ではないような理由で負ったものである場合、多くの人は「だったら公的な支援を手厚く」と考えるかもしれません。

このように、「どこまで責任を負わすか」ということは、特定の国や時代によって異なる「相場」があって、私たちはその相場感覚に照らしながら責任の有無を判断しています。

ただ、やはり相場の基準は曖昧で緩いものです。たとえば、障害による不幸については、責任をあまり負わせないという判断基準が（少なくとも日本では）ある程度共有されています。では、人付き合いが苦手なせいで結婚できなかった、勉強が苦手なせいでよい仕事に就けなかった、という場合はどうでしょうか。こうなると、多少人によって判断はぶれてくるかもしれません。「そんなの、努力次第でなんとかなったはずだ。」「自分はがんばって勉強して有名大学に入ってこの仕事に就いた。なんでがんばらなかった人を助けないといけないのか。」こういった理屈に共感はできなくても、「そもそも理屈がよくわからない」と感じる人はいないでしょう。

逆に「がんばりも才能のうち。そしてその才能は生まれつきか、育ちの中で（自分の手柄ではなく）身につくもの。だから、がんばれなかった人にもある程度の保障はあってよい」という意見もあるかもしれません。この意見にも、共感できる人とできない人がいるでしょう。しかし、「わからないわけではないが認めたくない」という人はいても、「そもそも理屈が理解できない（ので、その意見がよいかどうか判断できない）」という人はあまりいないでしょう。

7　理屈と議論

そもそも私たちが駆使する理屈やそれに基づいた判断基準というのは、理屈が自然言語によるものであれば特に、緩さを含みこんでいます。ですから、どんな振る舞いや言明でも、理屈でけなしてみせることはできるのです。

ここに真面目に研究に打ち込んでいる学者Aがいて、年に数本の論文を書いているとしましょう。これに対して学者Bは、基本的にマイペースで、ほんとうに興味があることしか研究しないとしましょう。論文も三年前に一本、しかも審査もない雑誌に載せたものがあるだけです。ここでAがBのような研究者について、次のように言ったとしましょう。

「あいつ（B）は片手間で趣味のように研究している（からダメだ）」

ここにAでもBでもない第三の者が次のように反論しました。

「趣味のように研究できる余裕のある環境こそが、自由な発想や独創性を生み出すことがあることを知らないのか。それがどれほど人々を豊かにしてきたことか。歴史を知らないということは、無教養を通り越して恐ろしささえ感じる」

なんだかもっともらしい理屈に聞こえますね。これを受けてAはこう言うかもしれません。

「研究者による研究には、直接・間接に公費（税金）が注ぎ込まれている。それこそ、貧しいながらも汗水たらして働いて税金を払ってくれた人もいる。その尊い献身の上に立って我々研究者は活動しているのだ。それを知らないふりをしてもっともらしい理屈を述べ立てるというのは、単純な悪意よりももっと悪質な何かを感じる」

これもまた、口調が強いですが、全く説得力がないかといえばそんなことはないでしょう。

こういう理屈による否定・非難は、続けようと思えばいくらでも続けることができます。決着がつかないはずの議論になんとなくの終わりがあるとすれば、特定の意見が多数派になった場合、権力・権威を持っている人が特定の意見を支持した場合、そして特定の理屈を並べ立てる人に時間的な余裕があって、ずっと反論し続けることができる場合でしょう。ネット上での議論にはこのような状況がたくさんあります。たとえば、ずっとネット端末にかじりついていられる「暇な人」や、口調が強くて権威的に話す人が勝つことが多いのです。

理屈の緩さを活用するには

ただ、ここでは「理屈に終わりはない」ということを主張したいわけではありません。上記の「研究者のあり方」についての議論も、次のように置き直してみれば生産的にみえてきます。相手の理屈に対して頭ごなしに否定するのではなく、次のように議論が進んだらどうでしょう。


「Bの研究業績、ちょっと少なく見えるんだけど。どうしてなんだろうね」

「そうみたいね。ただ、Bの研究テーマからすれば、革新的な研究には一定の余裕が必要、という話もできるかもね」

「ただそれでも、数年に一本の論文というのが、多くの人に説明できる範囲なのかは、別に考えてもよいはずだよね。なにしろ、安くない公費が研究には使われているのだから」

「なるほど、わかりやすい業績がないことの理由は、研究分野の特性に応じてちゃんと考えていく必要はあるね」


さて、何が違うのでしょうか。ここで気づいてほしいのは、提示されている論点はそんなに違わない（研究上の余裕と独創性、研究への公金支出）、ということです。ただ先程の罵り合いは、「理屈の緩さから引き出した論点を使って相手を否定してかかる」ものでした。相手をやり込めるために、理屈の緩さを乱用しているのです。なにしろ、理屈は緩いものですから、いくらでもつけ込めてしまうのです。

これに対して後者の論じ方は、「理屈の緩さを活用して、議論に必要な論点を増やしていく」やり方です。理屈の緩さは、ある種の想像力の源です。思いつかなかった、あるいは議論の相手が考慮していなさそうな論点を追加できるのは、この緩さがあるからこそです。これを、議論全体を豊かにするために活用できるのです。

これと同じようなことは、責任を考えるときにも、そして社会を説明するときにもあてはまります。

責任判断の背後にある理屈の緩さにつけ込んで、自分に都合の良い理解だけをゴリ押しするのか、それとも緩さを、他者に対する寛容さを生み出す想像力の源とするのか。説明対象の社会の緩さにつけ込んで、自らの分析や記述の緩さの言い訳とするのか、それとも緩さを、独創的な（これまでなされてこなかった新しい）説明のために活用して、多くの人を納得させる議論を目指すのか。

このような「二つの道」があることを意識するだけでも、社会に向き合う私たちの態度は変わってくるはずです。

8　社会は「他でもあり得る」

さて、いよいよ最後の節です。本書を終えるにあたり、「緩さ」がもたらすポジティブな点について、ひとつだけ、そして少しだけ論じておきましょう。

社会の各要素は、緩さを含んでいるがゆえに、複雑に入り組んで理解しにくくなっています。もちろん、政治は政治の、経済は経済のなかで通用しやすい理屈やそれに基づいた制度はあるのですが、きちんと統一されたかたちで各要素が協調しているわけではありません。そして私たちの置かれたこの瞬間瞬間の状況は、多数の要因の偶然の重なり具合で決まっているのです。

ということは、第五章の最後でも触れたように、私たちの置かれた状況は、常に「別様でもあり得た」ものなのです*。ちょっとした重なり具合やタイミングのズレ、ちょっとした理屈の揺らぎで、社会も、そしてその理解の仕方も、現在とは別のものになりえます。

言ってみれば、社会の現実のあり方も、その理解のあり方も、今ある形は「たまたま」の姿であって、ある程度の傾向性やつながりの強さはあっても、強い意味での必然性はないのです。このことは、本書をこれまで読んでいただいた読者の方にはすんなりと理解できることだと思います。ですので、これ以上の余計な説明は付け加えないでおきましょう。

もちろん、実際に社会を変えていくことは意図せざる結果をもたらしますし、また世の中を動かすための力、つまり権力は人によって不均等なものです。社会の記述も、下手をすれば先に見たような不毛な解釈合戦に陥る危険があります。

それでも、社会は常に動かす余地があるものだ、社会の理解は多様でありうるのだ、という考え方はいつも持っておいてほしいと思います。

*【読書案内】最後の読書案内は、社会学者による対談（鼎談）集です。岸政彦・北田暁大・筒井淳也・稲葉振一郎『社会学はどこから来てどこへ行くのか』（有斐閣、二〇一八年）のなかで、岸と北田が「社会学は何をすべきで、何ができるのか」と題して対談をしています。そのなかに、社会学の役割の一つは「他のやり方もありうることを示す」ことではないか、という話が出てき

ます。この本は近年の社会学関連の本では珍しく、評判になった本です。多少難しい話も展開されますが、わかりそうなところだけでも拾い読みすれば、最近の社会学の世界の一端を垣間見ることができるでしょう。

あとがき

筑摩書房の橋本陽介さんから、最初に本書の執筆の話をいただいたのは、手書きの手紙の中ででした。実際にお会いして話をしたあと、自分でも何を書くべきか迷っていた時期がしばらく続きました。ただ、いま振り返ってみると、ほぼ最初の手紙に書いてあったとおりの内容になっているような気がします。手紙の内容のとおりに書いたというよりは、結果的にそうなっていたのです。いずれにしろ、自由に「社会」について書くというぜいたくで貴重な機会をいただき、感謝の言葉もありません。

本書を執筆するにあたり、何人かの研究者の方からインスピレーションをもらいました。『社会学の歴史I』（有斐閣）からは、社会という「謎」を社会学者がどのように説明しようとしたのかという視点から社会学を眺めるという、本書の立場に通じる知見をいただきました。著者の奥村隆先生には、いつも研究者としての力量の違いを思い知らされるばかりです。

『社会学入門』(有斐閣)を一緒に執筆した前田泰樹先生、その「発展編」(『社会学入門・中級編』)を書いてくださった稲葉振一郎先生、『社会学はどこから来てどこへ行くのか』で対談させていただいた岸政彦先生と北田暁大先生からは、常に心地よい知的な刺激を受けてきました。

執筆の途中からですが、本書は私の最初の単著である『制度と再帰性の社会学』(ハーベスト社、二〇〇六年)を初学者向けに練り直したようなものになったと感じています。あれから一四年経っていますが、私の「社会」に対する基本的な考え方はこの本の執筆時に形作られました。ハーベスト社の社長であり、同社唯一の編集者であった小林達也さんは、二〇一九年の一〇月に急逝されました。前田さんの話では、小林さんは亡くなる二日前の社会学会の際、『社会学入門』の構成を褒めてくださったそうです。私もそのときの学会で、小林さんがおられる書籍販売ブースを覗《のぞ》いたとき、遠目で小林さんをお見かけしました。お声がけしようかと思っていたのですが、他の方と談笑されていたので、その場を離れました。訃報に接したとき、待ってでもあのときお声がけすべきだったと後悔したものです。本書が小林さんのもとに届かないのは非常に残念ですが、小林さんのすすめで書かれた『制度と再帰性の社会学』がなければ、本書は書けませんでした。思いが届くかどうかわかりませんが、あらためて謝意を伝えたいと思います。

本書を執筆した二〇一九年四月から二〇二〇年三月にかけては、中央政府や自治体、そしていくつかの学会の仕事が重なり、なかなかまとまった時間が取れない時期が続きました。行政の仕事は研究者としての仕事とはずいぶんと勝手が違い、もどかしい気持ちが蓄積した年でもありました。特に三月からは、新型コロナウイルスの感染拡大に伴う外出自粛要請が始まり、不自由さを強いられた日々でした。

ただ、本書を執筆した仕事場である自宅では、いつもストレスもなく落ち着いて過ごすことができていました。いつも笑顔でそばに居てくれる妻のおかげです。これからも一緒に居てくれるであろう妻に、本書を捧げます。

読書案内まとめ

＊矢印の下の頁数は本書で読書案内の解説がある頁です。気になる本があれば、その頁を開いていただき、解説をご覧くださいませ。

第二章

S・D・レヴィット、S・J・ダブナー『ヤバい経済学』（望月衛訳、東洋経済新報社、二〇〇七年）↓五四頁

筒井淳也・前田泰樹『社会学入門』（有斐閣、二〇一七年）、稲葉振一郎『社会学入門・中級編』（有斐閣、二〇一九年）↓五九頁

アーリー・ラッセル・ホックシールド『タイム・バインド』（坂口緑他訳、明石書店、二〇一二年）↓六〇頁

友枝敏雄他編『社会学の力』（有斐閣、二〇一七年）↓六五頁

ハイデガー『存在と時間（上・下）』（細谷貞雄訳、ちくま学芸文庫、一九九四年）↓六九頁（ただしハイデガーの入門書から読むのをおすすめしています）

戸田山和久『知識の哲学』（産業図書、二〇〇二年）↓七一頁
ピーター・ウィンチ『社会科学の理念』（森川真規雄訳、新曜社、一九七七年）、ロイ・バスカー『科学と実在論』（式部信訳、法政大学出版局、二〇〇九年）、伊勢田哲治『認識論を社会化する』名古屋大学出版会、二〇〇四年）↓七三―七四頁

第三章

イエスタ・エスピン＝アンデルセン『平等と効率の福祉革命：新しい女性の役割』（大沢真理監訳、岩波書店、二〇一一年）、筒井淳也『仕事と家族』（中公新書、二〇一五年）↓八七頁
落合恵美子『21世紀家族へ（第4版）』（有斐閣、二〇一九年）↓九二頁

第四章

宇野重規『保守主義とは何か』（中公新書、二〇一六年）、奥村隆『社会学の歴史Ⅰ』（有斐閣、二〇一四年）↓一二八頁
飯田泰之『ゼロから学ぶ経済政策』（角川書店、二〇一〇年）↓一三三頁

第五章

西内啓『統計学が最強の学問である』（ダイヤモンド社、二〇一三年）、森田果『実証分析入門』

（日本評論社、二〇一四年）→一五六頁
筒井淳也『結婚と家族のこれから』（光文社新書、二〇一六年）→一六〇頁
浜田宏『その問題、数理モデルが解決します』（ベレ出版、二〇一八年）、日本数理社会学会監修『社会を〈モデル〉でみる：数理社会学への招待』（勁草書房、二〇〇四年）→一七四頁
金澤悠介「仕事：なぜ転職に成功する人としない人がいるのか」小林盾他編、数理社会学会監修『社会学入門：社会をモデルでよむ』（朝倉書店、七一―七九頁、二〇一四年）→一七八頁
岸政彦・石岡丈昇・丸山里美『質的社会調査の方法：他者の合理性の理解社会学』（有斐閣、二〇一六年）→一八四頁

第六章

岸政彦・北田暁大・筒井淳也・稲葉振一郎『社会学はどこから来てどこへ行くのか』（有斐閣、二〇一八年）→二一四頁

ちくまプリマー新書

074
ほんとはこわい「やさしさ社会」
森真一

「やさしさ」「楽しさ」が善いとされ、人間関係のルールである現代社会。それがもたらす「しんどさ」「こわさ」をなくし、もっと気楽に生きるための智恵を探る。

079
友だち幻想
――人と人の〈つながり〉を考える
菅野仁

「みんな仲良く」という理念、「私を丸ごと受け入れてくれる人がきっといる」という幻想の中に真の親しさは得られない。人間関係を根本から見直す、実用的社会学の本。

122
社会学にできること
西研
菅野仁

社会学とはどういう学問なのか。社会を客観的にとらえるだけなのか。古典社会学から現代の理論までを論じ、自分と社会をつなげるための知的見取り図を提示する。

169
「しがらみ」を科学する
――高校生からの社会心理学入門
山岸俊男

社会とは、私たちの心が作り出す「しがらみ」だ。「空気」を生む社会そのものの構造を解き明かし、自由に生きる道を考える。KYなんてこわくない！

270
「今、ここ」から考える社会学
好井裕明

私たちがあたりまえと思って過ごしている日常を社会学を使って見つめ直してみよう。疑いの目を向けることで新しい世界の姿が浮かびあがってくる。

334
銀河帝国は必要か？
――ロボットと人類の未来
稲葉振一郎

ロボットとの共存や宇宙進出が現実味を帯びる現代。人間のアイデンティティも大きく揺らいでいる。いったい人類とは何なのか？　SFを手がかりに迫る。

336
ダイエット幻想
――やせること、愛されること
磯野真穂

モテたい、選ばれたい、認められたい……。ダイエットの動機は様々だけど、その強い思いで生きづらくなっていませんか？　食べると生きるをいま見つめなおそう！

ちくまプリマー新書

113
中学生からの哲学「超」入門
——自分の意志を持つということ
竹田青嗣
自分とは何か。なぜ宗教は生まれたのか。なぜ人を殺してはいけないのか。満たされない気持ちの正体は何なのか……。読めば聡明になる、悩みや疑問への哲学的考え方。

148
ニーチェはこう考えた
石川輝吉
熱くてグサリとくる言葉の人、ニーチェ。だが、もともとは、うじうじくよくよ悩むひ弱な青年だった。現実の「どうしようもなさ」と格闘するニーチェ像がいま甦る。

167
はじめて学ぶ生命倫理
——「いのち」は誰が決めるのか
小林亜津子
医療が発達した現在、自己の生命の決定権を持つのは、自分自身？　医療者？　家族？　生命倫理学が積み重ねてきた、いのちの判断を巡る「対話」に参加しませんか。

276
はじめての哲学的思考
苫野一徳
哲学は物事の本質を見極める、力強い思考法を生み出してきた。誰もが納得できる考えに到達するためのその思考法のエッセンスを、初学者にも理解できるよう伝える。

287
なぜと問うのはなぜだろう
吉田夏彦
ある／ないとはどういうことか？　人は死んだらどこへ行くのか——永遠の問いに自分の答えをみつけるための、哲学的思考法への誘い。伝説の名著、待望の復刊！

308
幸福とは何か
——思考実験で学ぶ倫理学入門
森村進
幸福とは何か。私たちは何のために生きているのか——誰もが一度は心をつかまれるこの問題を、たくさんの思考実験を通して考えよう。思考力を鍛える練習問題つき。

332
宇宙はなぜ哲学の問題になるのか
伊藤邦武
「宇宙に果てはあるか」「広大な宇宙の片隅の私達は何者か」。プラトンもカントもウィトゲンシュタインも、哲学的思考の出発点は宇宙だった。謎の極限への大冒険。

chikuma primer shinsho

ちくまプリマー新書 359
社会《しゃかい》を知《し》るためには
二〇二〇年九月十日　初版第一刷発行

著者　筒井淳也（つつい・じゅんや）

装幀　クラフト・エヴィング商會
発行者　喜入冬子
発行所　株式会社筑摩書房
東京都台東区蔵前二-五-三　〒一一一-八七五五
電話番号　〇三-五六八七-二六〇一（代表）
印刷・製本　株式会社精興社
ISBN978-4-480-68382-3 C0236 Printed in Japan